KNAUR

Über den Autor:

Alexander Hagelüken, geboren 1968, ist als Leitender Redakteur der *Süddeutschen Zeitung* für Wirtschaftspolitik zuständig. Zuvor war er Leiter des Geldteils der *SZ*, Europakorrespondent in Brüssel, Parlamentskorrespondent in Bonn und Berlin. Für seine journalistische Arbeit wurde er vielfach mit Preisen ausgezeichnet. »Das gespaltene Land« ist Hagelükens erste selbständige Buchpublikation, zu der er sich aus Sorge um das Deutschland seiner vier Kinder entschlossen hat.

Alexander Hagelüken

Das gespaltene Land

Wie Ungleichheit unsere Gesellschaft zerstört – und was die Politik ändern muss

KNAUR

Besuchen Sie uns im Internet:
www.knaur.de

FSC
www.fsc.org
MIX
Papier aus verantwortungsvollen Quellen
FSC® C083411

Originalausgabe März 2017
Knaur Taschenbuch

Ein Imprint der Verlagsgruppe
Droemer Knaur GmbH & Co. KG, München

Redaktion: Sabrina Hausmann
Covergestaltung: ZERO Werbeagentur, München
Satz: Adobe InDesign im Verlag
Druck und Bindung: CPI books GmbH, Leck
ISBN 978-3-426-78895-0

5 4 3 2 1

**»Der Maßstab für unseren Fortschritt ist nicht,
ob wir den Überfluss jener mehren, die viel haben,
sondern ob wir denen genug geben,
die zu wenig haben.«**

*Franklin D. Roosevelt,
Rede zum Start der zweiten Amtszeit
als US-Präsident, 20.1.1937*

**»Es ist schwer zu sagen, an welchem Punkt
Ungleichheiten, insbesondere solche des Einkommens,
Solidarität in einer Gesellschaft zerstören.
Sicher aber ist, dass keine Gesellschaft es sich
ungestraft leisten kann, eine beträchtliche Zahl
von Menschen auszuschließen.«**

*Ralf Dahrendorf, »Die Globalisierung und
ihre sozialen Folgen werden zur nächsten
Herausforderung einer Politik der Freiheit.
An der Schwelle zum autoritären Jahrhundert.«
DIE ZEIT, 14.11.1997*

Inhalt

Willkommen in einem gespaltenen Land 9

1. Wie aus Arbeitsplätzen Jobs wurden 15
2. Gewinnexplosion und Villenglück 33
3. Todesurteil: Zu wenig verdient 48
4. Italiener und Griechen sind reicher oder: Der Bankrott des deutschen Sparers 62
5. Die Republik der Habenichtse 73
6. Ungleichheit fördert die Wirtschaft? Über den Tod eines neoliberalen Mantras 85
7. Warum Ärzte keine Krankenschwestern mehr heiraten 93
8. Die neue Bildungskatastrophe 102
9. Der Abstieg der Mittelschicht 112
10. Ein politisches Erdbeben 120
11. Zeit für einen neuen Gesellschaftsvertrag 136

Ausblick: Roboter beherrschen die Welt oder: Es wird noch ungleicher 148

12. Umsteuern, um das Land gerechter zu machen 162
13. Wie Sackgassen zu Chancen werden 178
14. Der Staat als Partner 195
15. Macht Arbeiter zu Kapitalisten, bevor sie Sklaven werden 207

Dank 217
Anmerkungen 219

Willkommen in einem gespaltenen Land

Die Deutschen wirken heute auf den ersten Blick wie die Kraftmeier eines verzagten Kontinents. Andere europäische Nationen bewundern und beargwöhnen, wie schnell die Bundesrepublik die Finanzkrise hinter sich ließ und einen Boom erlebte. Die Beschäftigung hat einen Rekord erreicht. Auf den Straßen fahren Premium-Limousinen, in »Townhouses« wirbeln »Interior Designer«, es werden Horsd'œuvres und Champagner gereicht. Doch das ist nur ein Ausschnitt der Wirklichkeit. Unter der glänzenden Oberfläche ist noch eine ganz andere Realität zu besichtigen: Da bröckeln die Fundamente der Gesellschaft.

In diesem Buch treffen Sie unter anderem Stefan Heigert, für den der deutsche Arbeitsmarkt nur schlecht bezahlte Jobs bereithält. Sie treffen Margret Meier, die aus der Mittelschicht fiel, nachdem sie wegen ihrer Kinder in Teilzeit ging. Den Flüchtling Alex Agho, bei dessen Integration der Staat beispielhaft versagte. Und ein Bankerpaar, das sich mit Mitte vierzig zur Ruhe setzte, während die Steuerzahler für die halsbrecherischen Geschäfte der Branche zahlten.

Deutschland ist heute ein gespaltenes Land. Zu lange profitieren vor allem jene, die schon haben. Die Unternehmer- und Vermögenseinkommen stiegen von 2000 bis 2014 um 30 Prozent – mehr als viermal so stark wie die Löhne. Dagegen hat fast die Hälfte der Deutschen inzwischen weniger Geld zur Verfügung.[1] Besonders dramatisch ist die Erosion der Mittelschicht. Jahrzehntelang sicherten die Arbeitnehmer in der Mitte der Bundesrepublik Wachstum und Demokratie. Jetzt schrumpft die Mittelschicht, die Einkommen der Mitte stagnieren. Die Kinder werden es einmal nicht besser haben. Willkommen in einem gespaltenen Land.

Die Deutschen leben in einem epochalen Umbruch, der permanente Unruhe erzeugt. Gewaltige Kräfte wie Globalisierung, technologischer Wandel und Neoliberalismus wirbeln den Alltag der Menschen durcheinander. Noch nie seit dem Zweiten Weltkrieg war die Ungleichheit in den Industriestaaten so groß.[2] Dieses Buch untersucht, wie sich Deutschland in den vergangenen Jahrzehnten gespalten hat und woran das liegt.

Die Bundesrepublik ist heute ein Land, in dem die Reichen viel mehr angehäuft haben als in vergleichbaren Staaten. Betrachten wir dagegen beispielsweise die Mieter, die die Mehrheit der Bevölkerung stellen: Die Hälfte ist verschuldet oder besitzt Kleckerbeträge von ein paar hundert bis höchstens 10 000 Euro. Diese Summe reicht gerade, um sich einen halben VW Golf zu kaufen. Die anderen haben noch weniger. Die Deutschen stehen nach Jahren des Booms als Habenichtse da, die weniger besitzen als die Einwohner der anderen Euro-Staaten. Sie besitzen sogar weniger als Spanier, Portugiesen und Griechen, die sie in der Krise mit Milliardenkrediten retteten.[3] Während Reiche ihr Geld für Luxusspielzeug verplempern, können andere Deutsche nicht anständig wohnen, regelmäßig in den Urlaub fahren oder in die Bildung ihrer Kinder investieren.

Die Bundesrepublik hat sich zu einer Nation voller Gegensätze entwickelt:

- Die Deutschen fanden noch nie so leicht Arbeit, doch die Einkommen klaffen stärker auseinander als meist in der Geschichte des Landes[4]. Der geringe Verdienst reduziert den Konsum und schadet der ganzen Volkswirtschaft.
- Die Deutschen reden ständig über Gesundheit, doch ärmere Bürger sterben zehn bis zwanzig Jahre früher als Menschen mit Geld.
- Die Deutschen feiern sich als Exportweltmeister, doch sie versagen darin, benachteiligte Kinder zu jenen Fachkräften zu formen, nach denen die Industrie ruft. In kaum einem anderen Industrieland bestimmt die Herkunft so sehr wie bei uns, was einer wird.

Es ist Zeit für eine Politik, die gegen die Spaltung vorgeht. Die Politik ist die einzige Kraft, auf die die Deutschen setzen können. Unternehmen nehmen in der globalen Ära immer weniger Rücksicht auf ihr Heimatland oder irgendein anderes Land. Und sie werden immer mächtiger: Der Börsenwert eines Konzerns wie Apple, der jahrelang kaum Steuern zahlte, übersteigt die Wirtschaftsleistung von 85 Prozent aller Nationen der Erde.

Die Deutschen können sich nur auf die Politiker verlassen, doch bisher werden sie von den Politikern verlassen. Die Regierungen der vergangenen 30 Jahre ließen die Spaltung geschehen. Unter Helmut Kohl begann es ungleicher zu werden, er war es auch, der etwa durch die Abschaffung der Vermögensteuer die Ungleichheit verschärfte. Gerhard Schröder legte mit seinen Reformen zwar die Grundlage für mehr Arbeitsplätze, verlor dabei jedoch die soziale Balance aus dem Blick. Und Angela Merkel verwaltet die Spaltung einfach.

Nun braucht das Land eine Wende: Eine Politik, die sich von den Dogmen des Neoliberalismus abwendet, weil Reichtum für wenige noch nie Wohlstand für alle gebracht hat. Eine Politik, die die ganze Gesellschaft in den Blick nimmt, statt nur gut organisierte Interessengruppen. Die Spaltung des Landes wird nicht von selbst verschwinden. Stattdessen beginnt sie, die Gesellschaft zu zerstören. Zu viele Geringverdiener fühlen sich ohnmächtig. Zu viele Normalverdiener fragen sich, warum sie Steuern zahlen, wenn Westeuropas Reiche zwei Billionen Euro in Offshoreparadiesen bunkern.[5] Zu viele junge Menschen fragen sich, warum sie sich anders als ihre Eltern kein Eigenheim leisten können. Der gesammelte Frust begünstigt überall in den westlichen Staaten den Aufstieg von Populisten. In Deutschland zieht die AfD seit drei Jahren bei jeder Landtagswahl ins Parlament ein und erobert bis zu ein Viertel der Stimmen. Die Historikerin Anne Applebaum warnt, der Westen sei nur noch zwei, drei »falsche Wahlsiege« vom Ende der Europäischen Union und der Weltordnung entfernt, wie wir sie kennen.[6] Die erste der Wahlen, die Applebaum damit meinte, haben die Falschen inzwischen gewonnen: den Brexit. Und noch eine zweite: die US-Präsidentschaftswahl. Mächtigster Mann der Welt ist nun Donald Trump, der wahnwitzige Zölle auf ausländische Waren von 40 Prozent angekündigt hat und Millionen Migranten deportieren will.

Die Populisten sind so erfolgreich, weil die etablierten Parteien versagen. Sie ignorieren die Unzufriedenheit der Menschen, die mit stagnierenden Einkommen und Abstiegsängsten der Mittelschicht zusammenhängt. Geschickt verteufeln die Populisten Migranten, die sich leichter zum

Sündenbock für alle Beschwernisse machen lassen als anonyme Mächte wie die Globalisierung. Statt sich vor den Populisten hertreiben zu lassen, sollten etablierte Parteien wie Union und SPD ihren Kurs radikal ändern. Doch die Parteien sind von der Rolle. Wie sehr, zeigt das Drama der SPD, die absackt, weil sie keine Antwort auf die Nöte der Normalverdiener findet, für die sie doch überhaupt gegründet wurde.

Dieses Buch untersucht, wie Ungleichheit die Bundesrepublik durchdrungen hat und ein politisches Erdbeben auslöst. Und es analysiert, mit welcher Politik sich mehr sozialer Ausgleich erreichen lässt. Eine gerechtere Politik wäre das richtige Mittel, um die Populisten aufzuhalten – und den Kollaps einer gesellschaftlichen Ordnung zu verhindern, in der bisher jeder etwas für den eigenen Lebensunterhalt und die Gemeinschaft zu leisten bereit ist. Es ist nicht selbstverständlich, dass Normalbürger weiter engagiert zur Arbeit gehen und Steuern und Abgaben für ein anonymes Riesengemeinwesen zahlen. Sie können die Ordnung aufkündigen, auf der die Gesellschaft aufbaut.

Die Ungleichheit könnte sich in Deutschland besonders dramatisch auswirken, weil der Reichtum hier ungleicher verteilt ist als sonst in Europa. Und weil gleichzeitig die Aufstiegschancen besonders gering sind.

Gerade in unserer Gesellschaft könnte es stärker zum Knall kommen, als wir es uns je vorstellen konnten.

1.
Wie aus Arbeitsplätzen Jobs wurden

Hinter der herrschaftlichen Fassade kreischen Maschinen. Es riecht durchdringend nach Kleber. Arbeiter eilen an diesem Sommermorgen durch die Fabrikhalle, als käme es auf jede Sekunde an. Draußen an der Fassade prangt »Peter Kaiser since 1838«. Europas ältester Fabrikant von Damenschuhen produziert seit 180 Jahren. Das ist eine Zeitspanne, in der Weltreiche aufsteigen. Und wieder untergehen.

Hier in Pirmasens fühlten sie sich stets im Zentrum des Weltreichs der Fußbekleidung. Als im 18. Jahrhundert die Garnison Soldaten abzog, begannen sie in der Not, aus Uniformen Pantoffelschlappen zu flicken. Anderswo schimpfte man die Pirmasenser »Schlabbeflicker«. Doch sie verkauften die Schuhe bald über die Grenzen. Frauen stapelten die Modelle in Körbe und schleppten sie auf Märkte bis in die Schweiz und nach Dänemark.

Zwei dieser Pionierinnen der Globalisierung stehen heute in der Stadtmitte, in Bronze gegossen. Sie blicken auf die frühere Paketpost, die kurz nach Vollendung im 19. Jahrhundert zu klein war, weil alle Welt Schuhe aus Pirmasens kaufte. Aus dem Notbehelf war ein internationaler Hit geworden. Die Stadt soll die größte Millionärsdichte Deutschlands aufgewiesen haben. Auf dem Hügel rund um die Strobelallee entstanden ausladende Villen, deren

Besitzern Pirmasens zu Füßen lag. Einer, der in den 60er Jahren als Gymnasiast bei einem Fabrikantensohn eingeladen war, erinnert sich an Treppengeländer, überzogen mit Blattgold. Die Schuhbarone wussten in den goldenen Jahrzehnten kaum, wohin mit ihrem Geld.

Als der heutige Bürgermeister Bernhard Matheis damals in den 60er Jahren ein Junge war, saß er oft im kleinen Schuhwerk seines Großvaters. Der Junge hörte mit großen Ohren zu, als ein Vertreter zu Besuch kam und den Opa warnte: »Das geht nicht mehr lange weiter mit dir.« Die Konkurrenz in Italien sei modischer und produziere für die Hälfte. In Pirmasens fanden damals 30000 Menschen in der Schuhindustrie Arbeit, die Hälfte der Einwohner.

Peter Kaiser liefert heute in die ganze Welt. Neben den kreischenden Maschinen stapeln sich fertige Kisten für den globalen Markt. Wie die Aufkleber verraten, gehen sie nach Estland, Belgien, Weißrussland, Japan. Die Ware kommt nur immer seltener aus Pirmasens. Von früher eintausend Stellen hier in der Produktion sind nur etwas mehr als hundert übrig. In Portugal, wo weit mehr Arbeiter für die Firma nähen, kostet die Arbeit nur ein Viertel so viel. Andere Hersteller produzieren in Asien noch günstiger. Die ganze Branche hat die Fertigung in billigere Länder verlagert.

Diese Globalisierung der Produktion findet in der gesamten deutschen Industrie statt. Mal radikal wie bei Textilien, Fernsehern oder Telefonen, mal moderater wie bei Autos und Chemie. Pirmasens traf der Strukturwandel nur besonders hart. Die Monostruktur Schuhindustrie hatte die Stadt groß gemacht. Nun machte sie sie fertig.

»Die Leute verstanden nicht, was passierte«, erinnert

sich Pfarrer Norbert Becker an den Niedergang. »Sie fühlten sich als Opfer.« Bei Messen hatten Amerikaner, Italiener und Franzosen die Stadt bevölkert. Am Exerzierplatz vor dem Rathaus wehten Flaggen wie bei einer Weltausstellung. Nun kam keiner mehr. »Der Strukturwandel war eine große Kränkung. Es legte sich eine Depression über die Stadt«, sagt Becker. Als er 1981 als Gemeindepfarrer im Winzler Viertel begann, gab es eine komplette Infrastruktur mit Bäcker, Metzger, Kino und Ärzten. Bald stufte die Bundesregierung den Ortsteil als »benachteiligtes Viertel« ein.

Pirmasens verlor von seinen 30000 Arbeitsplätzen 90 Prozent. Samstags klingelten Mütter an Beckers Tür und fragten, ob er was zu essen habe.

Die Stadt ist ein Beispiel dafür[1], was im boomenden Deutschland leicht aus dem Blick gerät: Gegenden, die seit Jahrzehnten kämpfen. Es gibt sie in Nordrhein-Westfalen, in Norddeutschland, im Osten. In Pirmasens blickt Bürgermeister Matheis aus dem Rathaus auf ein Kaufhaus, das seit 15 Jahren leer steht. »Man braucht eine hohe Frustrationstoleranz, wenn wieder die nächste Rangliste veröffentlicht wird«, sagt er und versucht ein Lächeln. Pirmasens hat bundesweit die höchsten öffentlichen Schulden und die meisten privaten Schuldner.[2] Jedes dritte Kind unter 15 lebt von Hartz IV.

Der Bürgermeister kämpft für seine Stadt. Er sucht nach neuen Nutzungen für leere Gebäude wie das Kaufhaus, zieht mit neuen Museen Touristen an, siedelt neue Betriebe an. Inzwischen gibt es wieder eine bemerkenswerte Anzahl an Stellen. Nur werden sie häufig von Pendlern aus dem Umland besetzt statt von den Einwohnern der

Stadt. So hat die Stadt wieder viele Arbeitsplätze, aber immer noch viele Arbeitslose. Wie kann das sein?

Pirmasens liefert Anschauungsmaterial dafür, wie sich das Land gespalten hat. Zwischen Managern und Arbeitern, Ingenieuren und Verkäuferinnen klaffen heute größere Gräben als in den 80er Jahren. Damals waren die Bundesbürger stolz darauf, wie relativ gleich es in ihrem Land zuging. Wie moderat die Unterschiede im Vergleich zu den USA waren. Das hat sich verändert. Zum Nachteil jener, die in den Fabriken halfen, das Land zum Exportweltmeister zu machen.

Stefan Heigert[3] dreht in seinem Wohnzimmer eine Zigarette. Der vierjährige Kevin quengelt. »Ach Kevin, es gibt jetzt keine Süßigkeiten!«, ruft Mutter Eva. Die Kindergärtnerinnen schicken Kevin über Mittag nach Hause, weil sie ihn zu anstrengend finden. Das ist ein Hindernis für Stefan und Eva Heigert auf der Suche nach Arbeit. Aber nicht das zentrale. Entscheidend ist, dass beide keine Berufsausbildung haben. Eva musste ihre Ausbildung zur Altenpflegerin beenden, als sie mit 18 Jahren schwanger wurde. Stefan überwarf sich in der Maurerlehre mit seinem Chef. Jetzt gehen beide auf die 30 zu, haben drei Kinder und hatten immer wieder Jobs, aber nie was Längeres. Dabei wollen sie raus aus Hartz IV. Raus aus dieser Wohnung, die zu klein ist für fünf. Raus aus diesem Haus, in dessen Flur neulich eine tote Ratte lag. Der neunjährige Sohn will Polizist werden. Er bewundert die Typen in den grünen Uniformen, die vorbeikommen, wenn sich Betrunkene vor dem Haus prügeln.

Früher hätte ein Ungelernter wie Stefan Heigert eine feste Stelle gehabt. Ende der 70er Jahre war mehr als jeder dritte Westdeutsche gering qualifiziert. Beruflich stellte das keinen Makel dar: Nur fünf Prozent der Ungelernten waren arbeitslos. Heute sieht das ganz anders aus. Inzwischen haben 20 Prozent der Ungelernten keine Arbeit.[4] Wer wie Migranten oder Alleinerziehende häufiger zu dieser Gruppe gehört, hat jetzt schlechte Karten. Die meisten westdeutschen Hartz-IV-Bezieher sind heute Ungelernte.[5] In den einst stolzen Industriezonen des Ruhrgebiets lässt sich sehen, was aus Menschen mit Hilfsjobs wird: In Gelsenkirchen, Herne, Duisburg, Recklinghausen, Oberhausen und Dortmund gehen 40 Prozent von ihnen stempeln.[6]

Der deutsche Arbeitsmarkt meldet eine Rekordbeschäftigung, für die Heigerts hält er nur Brosamen bereit. Verschwunden die Tätigkeiten, bei denen einer einfach anpackt. Stefan jobbt bei Schuhzulieferern, bei Amazon, er zog auch schon für Arbeit um. Die Stellen sind immer befristet, meist Zeitarbeit, bald ist er wieder draußen. Seine Frau jobbte in der Pflege, bis ein schlecht behandelter Hüftschaden die Schmerzen zu groß werden ließ. Ohne Ausbildung hat sie kaum Aussicht auf eine Stelle, die weniger körperlichen Einsatz verlangt. In der globalisierten Wirtschaftswelt zählt Qualifikation, sonst wenig. Das sind die neuen Regeln für Arbeitnehmer.

Die Pointe ist, dass die Pirmasenser Schuhbarone bewusst ein Heer Ungelernter heranzogen. Sie drängten die Arbeiter, ihre Söhne und Töchter nach der Schule sofort in die Fabrik zu holen. Sie lockten mit einem Mofa und verführten sie damit, auf eine Ausbildung zu verzichten. Bürgermeister Matheis erzählt, wie früher manchmal Lehrer Fabrikarbeiter ansprachen, der Sohn solle unbedingt aufs Gymnasium. Worauf die Arbeiter erwiderten, ihr Chef wolle den Sohn in der Fabrik haben. Die Arbeit war hart, aber die Kinder verdienten sofort, statt den Eltern auf der

Tasche zu liegen. Und die Stellen schienen sicher. »Über vier, fünf Generationen gab es keinen Grund, auf hohe Schulbildung zu setzen«, erklärt der Bürgermeister. Deshalb werden die neuen, qualifizierten Arbeitsplätze in Pirmasens oft von Pendlern besetzt statt von Stadtbewohnern.

Die Schuhbarone bevorzugten Arbeiter ohne Ausbildung, weil sie billiger waren und nicht abwanderten. Dann machten die Schuhbarone dicht. Die Arbeiter fanden keine Arbeit mehr. »Ungelernte können nicht in Wettbewerb treten«, beobachtet Pfarrer Becker. »Solche wie sie gibt es auch in Ludwigshafen genug.« Die Schuhbarone globalisierten ihre Produktion oder verkauften ihre Firmen. Manche gingen pleite, die meisten behielten das Vermögen aus den goldenen Jahrzehnten. Die Arbeiter verloren ihre Arbeit und behielten nichts.

In Pirmasens lässt sich studieren, wie Ungleichheit neue Ungleichheit produziert. Im Kapitalismus überdauert nur das Eigentum. Wer es hat, hat selbst dann noch was, wenn sein Geschäftsmodell untergeht. Die Arbeitsplätze in der Schuhindustrie sind verloren. Die Villen in der Strobelallee stehen noch. Die Schuhbarone haben sie verkauft oder vererbt.

Stefan Heigert verfügt über eine andere Art von Erbe. Jenes, das die Schuhbarone der Allgemeinheit hinterließen. Wie die Fabrikanten es stets förderten, absolvierten Heigerts Eltern keine Ausbildung, bevor sie in der Schuhfabrik anfingen. Als ihr Sohn die Hauptschule beendete, vermittelten sie ihm nicht, wie wichtig Qualifikation ist. Das hatten ihnen ihre Eltern ja auch nicht vermittelt. Als Stefan Heigert in der Lehre Schwierigkeiten bekam, standen ihm die Eltern nicht zur Seite. Sie rieten ihm nicht, das

Verhältnis zum Chef zu verbessern, halfen ihm nicht, nach Abbruch der Lehre etwas anderes zu suchen. Bei seiner Frau Eva lief es ähnlich. Sie hätte Hilfe aus dem Umfeld gebraucht, um mit einem Baby die Ausbildung hinzukriegen. »Ich wäre froh, ich hätte eine Lehre gemacht«, sagt Eva Heigert heute. Ihr Mann drückt es wortgleich aus. Die Heigerts nehmen jetzt an der Westpfalz-Initiative teil, die auf die Probleme längerfristiger Arbeitsloser eingeht. Solche Projekte sind ein beispielhafter Weg aus der Misere. Aber sie kosten Geld, das der Staat oft nicht hat oder nicht ausgeben will. Daher bleiben sie Einzelfälle.

Wer bei arbeitslosen Eltern aufwächst, ist selbst häufiger arbeitslos, belegte 2015 erstmals eine Studie für ganz Deutschland.[7] Womöglich lernen Kinder weniger engagiert für ein Leben mit Schule und Beruf, wenn sie dieses Leben bei den Eltern nicht sehen. Ihnen fehlen auch die Netzwerke arbeitender Eltern. Michael Kind vom Essener RWI-Institut führt eine Studie an, wonach gleich 40 Prozent der jungen Männer bei einer Firma landen, in der ihr Vater tätig ist oder war. Er fand heraus: Ist der Vater ohne Stelle, sinkt für den Sohn die Aussicht auf längerfristige Arbeit um 80 Prozent.[8] Stefan Heigert hatte kein Netzwerk. Er hat in der toxischen Tradition der Schuhbarone auch keine Ausbildung. So verfestigt sich Arbeitslosigkeit. Bürger wie er werden abhängig von Sozialleistungen, die viel Geld kosten.

Wer das größere Bild betrachtet, erkennt eine Entwicklung. Globalisierung und neue Technologien wie Digitalisierung spalten den deutschen Arbeitsmarkt, schrumpfen die Mittelschicht und treiben die Einkommen auseinander. Die Globalisierung lässt Stellen verschwinden wie in den Schuhfabriken. Sie trifft jene, die den gut ausgebildeten, aber trotzdem günstigen Asiaten oder Osteuropäern unterliegen. Sie drückt auch Löhne. In Deutschland wirkte sich besonders der Fall des Eisernen Vorhangs aus, so Joachim Möller, Direktor des Instituts für Arbeitsmarkt- und Berufsforschung (IAB) der Bundesagentur für Arbeit. Bis zur Wende nahmen die Reallöhne zu. Dann kam die Konkurrenz etwa tschechischer Arbeiter, die anfangs ein Zehntel deutscher Löhne verdienten. »Es wurden Arbeitsplätze verlagert. Vor allem wirkte die Drohung mit der Verlagerung: Das reichte schon, um in Deutschland niedrige Löhne durchzusetzen. Das veränderte die Machtverhältnisse zugunsten der Arbeitgeber«.[9]

Die Globalisierung löst die größte Umverteilung von Einkommen seit zweihundert Jahren aus, konstatiert der Ökonom Branko Milanović. Sie lässt die Gewinne der Firmen explodieren, befreit hunderte Millionen Menschen in der Dritten Welt aus der Armut[10] – und setzt im Westen zahlreiche Normalverdiener unter Druck. Sie lässt manche besonders profitieren – und andere verlieren.

Firmen können weltweit Kunden finden und gleichzeitig Gewinne herumschieben, um Steuern zu vermeiden. Vermögende können weltweit Anlageprodukte finden und gleichzeitig Geld in Offshoreparadiese schieben, um Steuern zu vermeiden. Viele deutsche Arbeitnehmer dagegen erleben die Konkurrenz niedriger Löhne sowie Umwelt- und Sozialstandards, während weiter voll die Steuer von ihrem stagnierenden Verdienst abgeht. »Wettbewerbsfähigkeit in einem unnachsichtigen Weltmarkt verlangt, dass alle Leistungen zum günstigsten möglichen Preis erbracht werden«, beschrieb der Soziologe Ralf Dahrendorf schon vor zwanzig Jahren hellsichtig. »Das heißt vor allem Reduktion der Zahl der Beschäftigten auf das nötige Minimum. Dieses läßt sich durchaus nicht eindeutig bestimmen, doch ist klar, daß viele, vor allem viele Angestellte, ihre Stellung verlieren und – wenn überhaupt – ersetzt werden durch Teilzeitbeschäftigte oder Vertragsangestellte.«[11] Vom Gewinnturbo in den Firmen spüren die Arbeitnehmer dagegen wenig: Nur jeder Zehnte besitzt Aktien.[12]

Wie die Globalisierung teilt auch moderne Technologie den Arbeitsmarkt in Gewinner und Verlierer auf. Da gibt es die Profiteure, etwa Manager, Ärzte oder Ingenieure, die Technologie einsetzen. Ihr Gehalt steigt oft deutlich. Gleichzeitig gibt es andere, die stagnieren oder verlieren. Technologie vernichtet ungelernte Jobs, aber auch mittelqualifizierte. Fabrikarbeiter oder Sachbearbeiter in der Verwaltung, die sich oft zur Mittelschicht zählen. Ihre Tätigkeiten sind von einer gewissen Wiederholung gekennzeichnet, die sie durch Maschinen ersetzbar macht. »Der Bankautomat hat viele Beschäftigte an den Bankschaltern überflüssig gemacht, Buchungssysteme haben Heerscharen von Buchhaltern verdrängt«, analysiert Joachim Möller. Technologie und Globalisierung ließen allein seit den 90er Jahren über 2,5 Millionen Stellen in Deutschland verschwinden.

Typischerweise verschwinden sozialversicherte Vollzeitstellen, nennen wir sie *Sovos.* Auf *Sovos* bauen Mittel- und obere Unterschicht ihr Leben auf, mit komfortabler Wohnung oder Reihenhaus im Grünen, mit Auto und Urlaub. »In den 80er Jahren waren Arbeitsplätze meist gleichbedeutend mit sozialversicherten Vollzeitstellen. Das hat sich völlig verändert«, sagt Michael Förster, der bei der Organisation OECD forscht.[13]

Neue Stellen entstehen häufig im Dienstleistungssektor,

der heute die Mehrzahl der Arbeitsplätze stellt. Sie entstehen meist jenseits der Mitte: Oben bei höher und unten bei weniger Qualifizierten. Hier nahm die Beschäftigungsquote um 30 Prozent zu. Manchen gelang also der Aufstieg aus den Mittelstellen nach oben, sie sind gut verdienende Angestellte oder Selbständige. Auf der anderen Seite stehen eine Menge Arbeitsplätze, die mittelmäßig bis mäßig bezahlt werden: Lkw-Fahrer und Paketboten, Kindergärtnerinnen und Kellner, Verkäuferinnen und Sicherheitskräfte, Altenpfleger und Call-Center-Telefonisten.

Genau diese Jobs sind oft keine *Sovos* mehr, keine unbefristeten sozialversicherten Vollzeitstellen. Sondern befristete, Teilzeit- oder Minijobs, *Unges,* unsicher und geringer bezahlt. *Unges* sind bei vielen Firmen beliebter als *Sovos* – als Arbeitsplätze, die Sicherheit, anständigen Lohn und nennenswerte Rente gewähren. Der Wandel von *Sovos* zu *Unges* ist ein wichtiger Grund für die Ungleichheit. Genau wie stagnierende Löhne in der Mitte, die zwischen Maschinen und globalen Billigkräften eingeklemmt ist.[14]

Deutschland war mal ein Land relativ gleicher Löhne, symbolisiert im Motto »Wohlstand für alle« des Wirtschaftswunderkanzlers Ludwig Erhard. Das ist vorbei. Die Bezahlung entwickelte sich wie in kaum einem Industriestaat auseinander, ablesbar am verfügbaren Einkommen, das nach Steuern, Abgaben und Inflation bleibt. Die zehn Prozent Bestverdiener trugen im Jahr 2012 17 Prozent mehr nach Hause als zum Anbruch des Jahrtausends. In der Mitte aber stagniert der Verdienst. Und die unteren 40 Prozent haben sogar bis zu vier Prozent weniger in der Tasche.[15]

Kapitalisten und Hochqualifizierte verdienen viel, Löhne stagnieren und Sozialleistungen wie Hartz IV fallen eher knapper aus: Das verändert einiges. In den 80er Jahren hatten die zehn Prozent Gutverdiener fünfmal so viel wie die Geringstverdiener. Ende der Nullerjahre war diese Kluft fast achtmal so groß. Oben im Schnitt knapp 5000 Euro im Monat. Unten gerade mal 600 Euro.[16]

In Pirmasens ist die Spaltung des Arbeitsmarkts zu besichtigen. Da gibt es einstige Schuh-Zulieferer, die sich weiterentwickelten und jetzt Fensterprofile herstellen oder Klebstoff für alles Mögliche. Sie bieten industrielle Arbeitsplätze, aber eben weniger als früher. Ebenso erfolgreich sind Schuhhersteller, die auf Klasse statt Masse setzen. So einer ist Peter Kaiser. Im Lager streicht ein Arbeiter über das Leder afrikanischer Ziegen, das sich besonders für Stiefel eignet. Er verwendet nur die Innenhaut, weil sich die Tiere außen an Dornen reißen. Peter Kaiser beschäftigt erfahrene Kräfte wie ihn, aber eben weniger in Deutschland. Die Veränderung lässt sich auch an verlassenen Schuhfabriken sehen, die ein Immobilienentwickler in »P-Town-Lofts« aufgehübscht hat. All diese Geschäftsmodelle schaffen hohe Einkommen und attraktive Arbeitsplätze. Aber sie sind eben nur ein Teil der Geschichte. Firmen trimmen auf Effizienz und meiden weniger Qualifizierte. Deshalb stehen auf der anderen Seite der deutschen Erfolgsbilanz *Unges* wie Stefan Heigert.

Studien zeigen, wie sich die Wirtschaft aufteilt. Technologiefirmen beschäftigen vorzugsweise Akademiker, Discounter vorzugsweise An- oder Ungelernte. Damit fehlt *Unges* anders als früher der Wissenstransfer mit höherqualifizierten Kollegen. In ihren Firmen wird weniger hochwertige Technik eingesetzt, die ihre Produktivität steigert. Beides reduziert sowohl ihren Lohn als auch ihre Aussicht auf andere Arbeit.[17] Nicht nur die Wirtschaft insgesamt, sondern sogar Firmen derselben Branche teilen sich in Hoch- und Niedriglohnbetriebe auf und treiben damit die Einkommen auseinander.[18]

Die Spaltung des Arbeitsmarkts ist auch eine Machtfrage. Die Lohnungleichheit stieg in Deutschland schneller als in den USA oder Großbritannien, die als sehr ungleich gelten. Als Hauptgrund sehen Bertelsmann-Stiftung und das Münchner Ifo-Institut den Machtverlust der Gewerkschaften. In den 90er Jahren wurden 70 Prozent der westdeutschen Arbeitnehmer nach Branchentarifvertrag bezahlt. Heute sind es nur 50 Prozent. Das spüren die Beschäftigten im Portemonnaie: Ohne Tarifvertrag verdient einer fast 20 Prozent weniger.[19]

Was die Gewerkschaften beiseitedrängt, ist der Siegeszug des politischen Liberalismus – die dritte große Ursache für die Ungleichheit neben Globalisierung und Technologie. Seit Margaret Thatcher und Ronald Reagan in den 80er Jahren weniger Staat, weniger Einfluss für Gewerkschaften und weniger Steuern für Reiche predigten, setzte sich das überall im Westen durch. Gewerkschaftern fehlt der politische Rückhalt, um Tarifverträge zu verteidigen. Der Liberalismus liefert einen ideologischen Überbau für permanenten Druck auf die Löhne. Er benutzt dazu die Kunstfigur des nimmersatten Arbeiters, dessen Forderungen die ganze Firma gefährden. In Wahrheit machen Arbeitgeber die Ansagen, die meisten Arbeitnehmer akzeptieren müssen.

Wenn Löhne gesenkt werden, begründen Firmen dies oft mit internationaler Konkurrenz. Dabei drücken auch Supermärkte oder Friseure die Löhne, die die Globalisierung kaum betrifft. So beschäftigen Supermärkte mehr Kassierer ohne Tarifvertrag und zahlen 30 Prozent weniger.[20] Die Dienstleister rechtfertigen so was mit dem Kunden, der es immer billiger wolle. In Wahrheit erhöhen niedrige Löhne eben auch den Gewinn eines Unternehmens. Noch besser als auf die Kunden passt der Slogan »Geiz ist geil« auf manche Arbeitgeber. »Die Löhne in vielen Dienstleistungsberufen sind ein Reflex der veränderten Machtverhältnisse zwischen Arbeitgebern und Arbeitnehmern«, analysiert Joachim Möller. »Die neuen Machtverhältnisse haben viel verändert, das sehen Sie etwa am Wachsen des Niedriglohnsektors. Kapital ist mobiler als Arbeit, es kann leichter ins Ausland abwandern. Der mobilere Faktor hat immer den Vorteil.«

Viele Firmen selektieren beim Gehalt radikal nach Qualifikationen, die sich schnell auszahlen. Sie kämmen regelmäßig den Personalbestand durch, um Stellen abzubauen. Ein Hochrangiger in der Personalabteilung eines gutverdienenden Autoherstellers berichtet, wie Kosten gejagt werden: »Handwerkliche Fachkräfte wie Mechatroniker, Instandhalter oder Logistiker werden generell nicht mehr fest angestellt«, sondern nur noch extern als Leih- und Werkarbeiter. Gut bezahlte Ingenieure werden in Vorruhestand geschickt, um durch Externe bis zu 60 Prozent einzusparen. Der Hersteller verkündet öffentlich, er schaffe Arbeitsplätze. In Wirklichkeit handelt es sich bei diesen Arbeitsplätzen überwiegend um die von Leiharbeitern und Praktikanten.[21]

Der grenzenlose Wettbewerb reicht in Pirmasens bis in die Sozialdienste. Der Staat will Altenpflege oder Jugendhilfe günstiger. Das treibt kirchliche Anbieter in Konkurrenz mit privaten in die Selbstausbeutung, erzählt Pfarrer Becker. Norddeutsche Kollegen überlegten, Tariflöhne um zehn Prozent zu senken. Becker fragt: »Warum müssen in einem reichen Land ständig Löhne herunterkonkurriert werden?«

Der nimmersatte Arbeitnehmer ist nur eine Kunstfigur, aber als Leitbild für die Regierungen hat ihn der Liberalismus erfolgreich etabliert. Deutsche Politiker scheuen sich, in den Arbeitsmarkt einzugreifen, um das Machtübergewicht der Arbeitgeber zu korrigieren. Obwohl Putzkräfte oder Friseure nur ein paar Euro verdienten, gehörte die Bundesrepublik jahrelang zur Minderheit der EU-Staaten ohne Mindestlohn. 2015 setzte die SPD den Mindestlohn endlich durch. Rasch erwies sich die Warnung vor dem Verlust hunderttausender Arbeitsplätze als reine Panikmache.[22] Dennoch wird der Tarif am unteren Rand dessen belassen, was in Frankreich oder Großbritannien Pflicht ist. Dabei lässt sich mit 1400 Euro brutto im Monat schwer für eine Familie sorgen oder in Großstädten eine Wohnung mieten.

Wie beim Mindestlohn zögert die Bundesregierung, den wuchernden Sektor jenseits der Vollzeitstellen-*Sovos* zu reglementieren. Dabei könnte Angela Merkel aus einer Position der Stärke handeln. Kanzler Gerhard Schröder stand noch mit dem Rücken an der Wand, als die Arbeitslosenzahl auf fünf Millionen anstieg. Deshalb verstärkte er den Wandel von *Sovos* zu *Unges*, zu befristeten Verträgen, Teilzeit oder Wenigverdiener-Selbständigkeit, der schon eingesetzt hatte. Mit der Reform des Arbeitsmarkts entstanden fünf Millionen Stellen, ein wesentlicher Teil des Beschäftigungsrekords.[23] Klar, dieser Rekord ist ein Erfolg. Ohne Arbeit ist jemand in der Leistungsgesellschaft wenig wert, Arbeit schafft Staatseinnahmen. Aber die Art des Beschäftigungsbooms fordert einen hohen Preis.

Ein befristet Beschäftigter verdient nur halb so viel wie ein *Sovo*. Diese Differenz ist größer als in fast allen anderen 34 OECD-Staaten. Die Last der Anpassung an den

Wandel, an Globalisierung und Technologie wurde jenen aufgebürdet, für die es nicht zu einem regulären Arbeitsplatz reicht. *Unges* machten 2013 40 Prozent aller Stellen aus. Im Boomland Deutschland arbeiten bis zu einem Fünftel der Beschäftigten für weniger als elf Euro. Mehr Niedriglöhner gibt es in der EU nur im Baltikum, in Polen und Rumänien, in Staaten, die durch ein halbes Jahrhundert hinter dem eisernen Vorhang viel ärmer sind. In Skandinavien oder Frankreich hingegen blieb der Anteil wenig entlohnter Arbeit wegen mehr Tarifbindung und mehr Mindestlohn unter zehn Prozent.[24] Die Armutsrate in Familien mit *Unge*-Jobs liegt mehr als viermal so hoch wie in Familien, in denen sich wenigstens ein *Sovo* findet. »Immer weniger Haushalte der Unterschicht und der unteren Mittelschicht können von ihren Erwerbseinkünften leben«, konstatieren die Forscher Gerhard Bosch und Thorsten Kalina.[25] »Früher sagte man: Besser ein schlechter Job als gar keiner. Aber wenn jemand nur zwischen Arbeitslosigkeit und prekären Jobs pendelt, kann es das auch nicht sein«, kritisiert OECD-Ökonom Förster.

Das Argument für *Unge*-Jobs und Niedriglöhne war stets, dadurch gelinge der Sprung in einen dauerhaften, auskömmlichen Arbeitsplatz. »Das klappt aber gerade bei jenen zu selten, für die es am wichtigsten wäre, also bei Geringqualifizierten, Migranten, Frauen und jüngeren Menschen«, sagt Förster. Generell erhöht zum Beispiel ein Teilzeitjob nicht die Chance auf einen *Sovo*. So bleiben *Unges* in Halb-, Zeitweise- oder Fastnichts-Stellen hängen wie Stefan Heigert in Pirmasens. Neueinstellungen erfolgen zu 40 Prozent befristet. Aus Sprungbrettern wurden klebrige Böden, an denen Menschen feststecken, statt in die Mittelschicht abzuheben.

Aus Arbeitsplätzen wurden Jobs.

Auf Englisch steht *job* einfach für den normalen Arbeitsplatz. Auf Deutsch ist der *Job* synonym für etwas, was kein normaler Arbeitsplatz mehr ist, sondern eine befristete Anstellung oder ein Minikonstrukt, gern zum Niedriglohn. Eben ein Job, keine gut bezahlte Arbeit mit vernünftiger Rente. Aus Arbeitsplätzen wurden für viele Deutsche Jobs. Zum Beispiel bei Lkw-Fahrern oder Paketboten, Kindergärtnerinnen oder Kellnern, Verkäuferinnen oder Sicherheitskräften, Altenpflegern oder Call-Center-Telefonisten. In der Wachstumsbranche der Kundenberatung, in der Call-Center wie Pilze aus dem Boden schossen, entstanden eine halbe Million Jobs. Aber fast keine Firma schließt Tarifverträge ab.

So stieg die Ungleichheit ab Mitte der 90er Jahre rasant an, während aus *Sovos Unges* wurden und die Arbeitslosigkeit zunahm. Wie massiv dieser Effekt war, lässt sich an der Wiedervereinigung zweier deutscher Staaten mit sehr unterschiedlichen Löhnen ablesen. Selbst die Integration von 16 Millionen Ostdeutschen erhöhte die Ungleichheit weit weniger als das *Unge*-Erdbeben.[26]

Seither verharrt die Ungleichheit auf diesem hohen Niveau. Obwohl es ja gelang, die Arbeitslosigkeit zu halbieren. Das wirkt paradox. »Normalerweise nimmt die Ungleichheit der Einkommen ab, wenn es am Arbeitsmarkt besser läuft«, sagt Markus Grabka vom Deutschen Institut für Wirtschaftsforschung (DIW). Diesmal lässt sich das nicht erkennen. Warum wirkt es sich kaum aus, dass Millionen Deutsche anders als vorher Arbeit haben? Weil es sich bei diesen neuen Stellen eben oft um *Unges* handelt. Wenn Arbeitsplätze zu Jobs mutieren, wird Ungleichheit zementiert. Wenn nun viele Flüchtlinge mit niedrigen Qualifikationen dauerhaft *Unges* werden, wird sich diese Situation verschärfen.

Um aus Jobs wieder Arbeitsplätze zu machen, müsste die Regierung zum Beispiel *Unges* unattraktiver machen und die Gewerkschaften stärken. Doch das versäumt sie. Dabei könnte sie den positiven Trend verstärken, dass die Zahl der *Unges* nicht mehr zunimmt und stattdessen eine Million *Sovos* entstanden. Schließlich beklagt die alternde Gesellschaft einen Mangel an Fachkräften, weshalb Firmen Arbeitnehmer wieder mehr umwerben. Die Regierung könnte daraus eine Trendwende machen. »Wie kann es sein, dass es bei einer Rekordbeschäftigung immer noch mehr als sieben Millionen Menschen gibt, die geringfügig beschäftigt und unzureichend sozial abgesichert sind?«, fragt Verteilungsforscher Grabka.[27] Aber Angela Merkel verwaltet die Situation lieber.

In seinem Büro redet Pfarrer Becker über seine dreieinhalb Jahrzehnte in Pirmasens. »Hier sind alle Probleme der deutschen Gesellschaft zu sehen, nur vergrößert.« Geringqualifizierte als Verlierer des Wandels. Uniabsolventen, die als Praktikanten ausgenutzt werden. Maschinen für Tätigkeiten, die in seiner Anfangszeit als Pfarrer noch Menschen ausübten.

Im Besprechungsraum von Europas ältestem Damenschuhhersteller Peter Kaiser redet Geschäftsführer Marcus Ewig über den »starken Dualismus«, den er in der Stadt beobachtet. »Es gibt noch viele wohlhabende Familien, die von ihrem Vermögen leben. Gleichzeitig sind viele Bewohner ins soziale Elend abgedriftet.« Die Nachfahren der Fabrikanten, die anders als Peter Kaiser komplett im Ausland produzieren oder ihre Firmen verkauften, zehren noch immer vom familiären Reichtum. Die Schuhbarone haben der Stadt nicht nur die Tradition des Ungelernten vererbt. Um die Löhne niedrig zu halten, behinderten sie damals auch die Ansiedlung anderer Branchen, die den entlassenen Schuharbeitern später neue Stellen geboten hätten.

In ihrer Wohnung redet Eva Heigert über Hoffnung. Noch wachsen ihre Kinder in einer Umgebung auf, die sie schlecht findet. Noch müssen ihr Mann und sie das Schlafzimmer mit dem behinderten Sohn teilen. Aber vielleicht ändert sich ja etwas. Vielleicht bringt die Westpfalz-Initiative ihren Mann zum ersten Mal dauerhaft in Arbeit. Vielleicht muss sie den Kindern dann weniger Wünsche abschlagen. Wenn Klassenkameradinnen der Tochter nach dem neuen Disney-Film das dazugehörige Kuscheltier für 40 Euro bekommen, häkelt sie ein Stück Wolle als Ersatz.

Im Rathaus redet Bürgermeister Matheis über seinen Pakt für Pirmasens. Zu Neujahr 2008 hat er das Projekt gestartet, um benachteiligten Familien zu helfen. Um Kinder wie die der Heigerts zu fördern. Mit Beratung, Nachhilfe, Sport. Damit sie nicht in einen Armutskreis aus fehlender Ausbildung und Arbeitslosigkeit geraten. Er sagt: »Es wäre toll, wenn in 20 Jahren von den betreuten Kindern jedes vierte eine Ausbildung gemacht hat.«

Nur eines von vier.

Das wäre schon ein Erfolg.

2.
Gewinnexplosion und Villenglück

Jemand hat blütenweiße Wolken auf den Himmel über Berg-Kempfenhausen gemalt. Rechts von der Straße leuchtet der Starnberger See. Links erheben sich hinter Hecken und diskreten Kameras grandiose Villen, gern in Ockergelb. Hier möchte man wohnen. Die Bewohner pflegen ein entsprechendes Selbstverständnis. Wer eine Stunde entlang der Seestraße in Berg spaziert, begegnet gleich mehreren Limousinen mit dem Nummernschild STA-R. Die Botschaft ist klar: Hier ist jeder ein Star.

Die Orte um den See sind das Revier von Carmen Gottschalk. Die Luxusmaklerin legt Wert auf die Feststellung, ihre Klientel sei keineswegs geltungsbedürftig. Am See siedelten Familien, die ihre Kinder normal aufwachsen lassen wollten. »Das ist keine Champagnergesellschaft«, beteuert Gottschalk. »Man ist sehr downgesized und möchte es auch sein.«

Wenig »downgesized« sind die Summen, die um den See herum bewegt werden. Die Preise von Grundstücken in guten bis sehr guten Lagen haben sich binnen fünf bis zehn Jahren mehr als verdoppelt. Gerade hat Gottschalk das Anwesen einer Familie für mehrere Millionen verkauft, Minimum doppelt so teuer wie beim Erwerb. Am anderen Ufer bietet sie ein Objekt als »Villenhälfte« an, das anderswo in Deutschland Doppelhaushälfte hieße. Nur dass es anderswo vermutlich weder Natursteinterrasse noch frei stehende Badewanne hätte – und auch keine 1,4 Millionen Euro kosten würde. Der Verkäufer, ein internationaler Manager, hat in der Nähe für mehr als eine Million Euro ein Grundstück mit Seeblick erworben. Darauf war nur ein Haus mit läppischen 70 Quadratmetern genehmigt. Also arbeitete er ein paar Jahre daran, dass die Behörden den Plan änderten. Wer beim Immobilien-Monopoly rund um den Starnberger See mitspielt, kann es sich leisten, eine Million jahrelang herumliegen zu lassen.

Im Rathaus von Pirmasens sitzt der Bürgermeister und hofft, dass wenigstens jedes vierte Kind aus einer sozial schwachen Familie eine Ausbildung schafft.

In ihrem Büro in Berg wartet die Maklerin darauf, dass die nächsten Anfragen hereinkommen. Vielleicht für den »repräsentativen Familien- und Firmensitz« für 3,3 Millionen? Oder den »Meister der Form – Villa in Bestlage Starnberg« für 3,85 Millionen? Oder doch für das »Meisterstück für Wohnästheten und Autoliebhaber« für 8,4 Millionen?[1]

Geld war immer da in Deutschland, aber seit einiger Zeit entwickelt sich das Land auseinander. Das Vermögen der oberen 20 Prozent stieg nach der Jahrtausendwende deutlich, während die unteren 30 Prozent nichts haben oder sogar Schulden.[2] In keinem deutschen Landkreis sind die Bewohner so kaufkräftig wie in Starnberg: Jeder hat monatlich knapp 3000 Euro zum Ausgeben, fast doppelt so viel wie ein Durchschnittsdeutscher. In Pirmasens sind es noch weniger.[3]

Das Starnberger Landratsamt residiert an der Strandbadstraße. Es räumte mit seinem japanischen Baustil Architekturpreise ab und liegt an einem Kanal wie Klein-Venedig. Landrat Karl Roth empfängt den Besucher freundlich. Der frühere Kripobeamte wirkt unprätentiös.

Wenn Roth auf andere Landräte aus Bayern trifft, gucken die ihn manchmal auf bestimmte Weise an. Ja, der aus Starnberg. Sie müssen Schulen zusammenlegen und Schwimmbäder schließen. Die örtliche Klinik macht zu, der Bus fährt nicht mehr. »Deine Probleme möchte ich haben«, sagen sie zu Roth. Roth erwidert, dass er eben andere Probleme hat. Das Anspruchsdenken mancher Landkreisbewohner etwa. Viele melden sich gleich, wenn ihnen eine Kleinigkeit nicht passt. »Die rühren sich massiv.« Und wollen direkt mit dem Landrat sprechen. Wenn einer zehn Jahre mit Blick auf die Zugspitze wohnte, soll das so bleiben, da soll bloß kein anderer bauen. In keinem anderen Landkreis gibt es so viele Klagen wegen Bauplänen, entweder von Bauherren oder Anwohnern.

Roth weiß natürlich, dass andere Landräte trotzdem gern mit ihm tauschen würden. Und er tut gemeinsam mit seinem Wirtschaftsförderer Christoph Winkelkötter eine Menge, um die Wirtschaftskraft im Landkreis zu halten. Schnelles Internet, flächendeckend Kitas, Ortsumfahrungen. Der Landkreis hat im vergangenen Jahrzehnt noch mal richtig Schwung aufgenommen: zehntausend neue Arbeitsplätze, ein sagenhaftes Drittel mehr. Darunter viele Premium-Stellen in Forschung und Entwicklung. Gern erzählt Roth von »hidden champions«, die weltweit Erfolg haben, ob mit Satelliten, Entgiftungsanlagen oder Medizindisplays. Den Verantwortlichen gelang es auch, die Attraktivität des Landstrichs an den Seen nahe der Alpen zu bewahren. Zwischen den Ortschaften gibt es viel Grün statt Zersiedelung, in den Orten Geschäfte statt Discounter außerhalb. Deshalb ziehen weiter die Reichen und Schönen her. Deshalb wohnen hier Schlagersternchen und Industrielle genauso wie der Philosoph Jürgen Habermas.

Im Landkreis Starnberg lässt sich studieren, wer von den wirtschaftlichen Trends der Epoche profitiert. Anfang der 90er Jahre exportierten deutsche Unternehmen erst 20 Prozent aller Produkte, inzwischen ist es fast die Hälfte. Viele deutsche Unternehmen machten mit der Globalisierung ihr Glück. Das hilft dem gesamten Land. Eigentümer und Gutverdiener aber profitieren von Internationalisierung und Gewinnexplosion besonders. Im Landkreis Starnberg entstehen hoch bezahlte Stellen. Und wer in München hoch bezahlt wird, zieht gern raus. Carmen Gottschalk verkauft inzwischen acht von zehn Immobilien an Zugereiste. Meist waren sie zuvor schon ein paar Jahre für deutsche Firmen im Ausland tätig und können eine oder mehrere Millionen lockermachen.

Manager verdienen heute drastisch viel mehr als früher. »Millionenvergütungen für Topmanager waren vor noch nicht allzu langer Zeit eher die Ausnahme«, analysiert der langjährige Topmanager Manfred Lange und verrät die Kniffe seiner Kollegen: Oft wird die Supergage mit dem Hinweis durchgesetzt, der Betreffende könnte sonst in die USA abwandern, wo häufig zweistellige Millionensummen fließen. Tatsächlich wandert kaum einer in die USA ab. Die Vielverdiener maximieren einfach ihr Gehalt in Deutschland. Dax-Vorstände verdienen 57-mal so viel wie ihre Mitarbeiter. Der frühere Porsche-Chef Wendelin Wiedeking verdiente in einem einzelnen Jahr dank Gewinnbeteiligung 100 Millionen Euro, dafür muss ein Durchschnittsverdiener etwa 3000 Jahre arbeiten. Selbst als Wiedeking geschasst wurde, sollte er als Abfindung 3500 Durchschnittsverdiener-Jahre erhalten. Nach dem

Protest von Gewerkschaftern im Aufsichtsrat erhielt er nur 1300 Jahre.[4]

Die Selbstbedienung der Manager passt zu der Ära, die das Land nach Dekaden der Annäherung scharf teilt. Der Anteil der Löhne am Volkseinkommen kletterte in Deutschland bis in die 80er Jahre auf nahezu 80 Prozent. Inzwischen fiel er dank starker Kapitaleinkünfte dauerhaft unter 70 Prozent.[5] In Deutschland klaffen Reich und Arm weiter auseinander als in anderen Industriestaaten, stellt die OECD fest. Das Vermögen ist so ungleich verteilt wie nirgends in der Eurozone, deren wirtschaftlicher Motor Deutschland doch ist.[6] Wer keinen höheren Schulabschluss schafft, besitzt signifikant weniger als ein Uniabsolvent – so groß sind die Unterschiede nach Bildung sonst nur in den USA.

Ob die einen sehr viel besitzen und die anderen nichts, bedeutet wenig, denn jeder hat sein Schicksal in der Hand – das würden Konservative gern glauben machen. »Es gibt keinen Zweifel darüber, welchen Einfluss Reichtum hat«, widersprechen die Forscher der OECD, »sowohl durch Gestalten der persönlichen Lebensumstände durch Kapitaleinkünfte wie als breite sozioökonomische Kraft«. Kapitaleinkünfte vergrößern die Ungleichheit der Einkommen in Deutschland doppelt so stark wie vor ein paar Jahren. Und: »Die Kapitaleinkünfte, die durch die Konzentration des Vermögens entstehen, werden die Ungleichheit weiter vergrößern.«[7]

Es gibt neben den Trends zur Ungleichheit auch historische Gründe, die erklären, warum das Vermögen in der Bundesrepublik so ungleich verteilt ist. Zum Beispiel macht eine außergewöhnliche Zahl von Familienfirmen ihre Eigner reich. Zum Beispiel stießen mit der Wiedervereinigung Millionen Ostdeutsche mit wenig Besitz dazu. Zum Beispiel legt die große Masse der Bürger ihr Geld schlecht an (Näheres im Kapitel *Italiener und Griechen sind reicher*). Wie immer diese Einflüsse zu gewichten sind: Klar wird aus alldem, dass die extreme Ungleichheit der Vermögen für die Politik schon lange eine große Aufgabe darstellt. Sie ist daran nicht etwa gescheitert. Sie hat die Ungleichheit durch ihre Entscheidungen signifikant vergrößert.

Sie tut das, seit Ronald Reagan und Margaret Thatcher in den 80er Jahren ihre neoliberale Revolution ausriefen – und weniger Staat, weniger Einfluss für Gewerkschaften und weniger Steuern für Reiche forderten. Seitdem wurden die Steuern für Topverdiener und Reiche gewaltig gesenkt. So lag der amerikanische Spitzensteuersatz auf Gehälter in den 30 Jahren vor Reagans Amtsantritt im Schnitt bei 75 Prozent. In den 30 Jahren danach war er nur noch halb so hoch.[8] Diesem Signal wollten oder mussten die anderen Industriestaaten folgen. In Deutschland wurde der Spitzensteuersatz um ein volles Viertel auf 42 Prozent gesenkt. Zu den Profiteuren der staatlichen Maßnahmen gehören auch Kapitalbesitzer: Die Bundesregierung besteuert Dividenden und Zinsen nur noch mit 25 Prozent. Millionäre halbierten ihren Steuersatz.

Schien der Neoliberalismus zunächst als Reaktion auf die Wirtschaftsflaute der 70er Jahre verständlich, hat er sich längst zu einer Kraft verselbständigt, die Reiche reicher und Mächtige mächtiger macht. Der von Thatcher ausgerufene »people's capitalism« verkam zum »rich people's capitalism«. Dabei wachsen die Industriestaaten seit den 70er Jahren nur schwach. Der Liberalismus gibt jenen, die schon haben. Die reichsten zehn Prozent der Deutschen halten ihre Hand auf mehr als 60 Prozent des gesamten Reichtums.[9] »Am anderen Ende hat mehr als die Hälfte der Bevölkerung kaum etwas oder ist sogar verschuldet«, konstatiert Verteilungsforscher Markus Grabka. Die Hälfte der Menschen in Europas stärkster Wirtschaft besitzt so gut wie nichts – zwischen höchstens 17000 Euro und Schulden.[10]

Wer Vermögen hat, erhält daraus Einkommen. Er kann in die eigene Qualifikation investieren und seine Kinder unterstützen. Er kann einen Puffer für berufliche Schwierigkeiten und persönliche Schicksalsschläge einsetzen und sein Alter angenehmer gestalten. Wer nichts hat, kann das alles nicht.

Während die Hälfte der Deutschen so gut wie nichts besitzt, dürfen Firmen dank der neoliberalen Steuersenkungen mehr von ihren Gewinnen behalten. Gleichzeitig schieben sie in der globalen Ära Gewinne so lange zwischen Länderfilialen herum, bis die ohnehin niedrige Steuer minimiert ist. Statt das zu stoppen, jagen sich die Regierungen im Zeichen liberalen Wettbewerbs die Firmen gegenseitig ab. In Europa profilieren sich etwa Irland, Luxemburg und die Niederlande beim Steuerdumping – zulasten normaler Arbeitnehmer, die ihren Lohn nicht vor der Steuer wegzaubern können, dafür aber die Tricks der Firmen mit ihren Steuern ausgleichen müssen. Das zeigt sich an der Forderung der EU-Kommission an Apple, 13 Milliarden Euro Steuern nachzuzahlen, die der Konzern durch Deals mit Irland sparte: Mit dieser Summe ließe sich das gesamte irische Gesundheitssystem ein Jahr lang finanzieren.

Zur Steuer-Bonanza kommt, dass die Liberalisierung Geldverdienen gefährlich erleichtert. Die Deregulierungslogik von Reagan und Thatcher entfesselte die Wirtschaft.

Und dabei keine Branche so stark wie die Finanzbranche. Die Geldhäuser jonglieren mit Billionen, die einem Vielfachen realer Waren entsprechen.

Etwas vom Starnberger See entfernt, mit teurem Blick darauf, logiert ein Banker-Paar, das sich in den Nullerjahren zur Ruhe setzte – mit Mitte 40. Sie haben ihr Vermögen angesammelt, als in den entfesselten Banken die Gewinne durch die Decke schossen. Geldhäuser zahlten Millionenboni für die höheren Angestellten. Für ihre Arbeitgeber gingen die beiden von Frankfurt nach London. »Es war eine schnelle Zeit«, sagt sie.

Die beiden geben für den guten Zweck, sie unterstützen Ärzte ohne Grenzen. Sie erzählen davon, ohne Aufhebens zu machen. Es ist eben etwas, was sie tun, weil sie es können. Als die Geschäfte ihrer Branche 2008 die schlimmste Rezession seit 80 Jahren auslösten und damit Millionen Stellen vernichteten, war es die Allgemeinheit, die den Schaden hatte. Wer wie die Banker mit Seeblick Millionen verdient hatte, musste davon keinen Cent zurückerstatten. Spricht der Besucher das an, wird die Stimmung eisig. Es ist das Zeichen dafür, das von einem Bekannten vermittelte Gespräch zu beenden. »Wir sind nach privatwirtschaftlichen Verträgen bezahlt worden und niemandem Rechenschaft schuldig«, sagt die Bankerin brüsk.

Das Geschäftsmodell ihrer Branche war darauf aufgebaut, dass beim Crash die Allgemeinheit haftet. Die Steuerzahler zahlten hunderte Milliarden Euro für Konjunkturpakete gegen die Not. Und allein in Europa 1,6 Billionen Euro an Hilfen und Garantien für die Geldhäuser.[11] Diese Summe entspricht zwei Dritteln des Jahreslohns aller Deutscher. Und trotzdem durften die Herren des Geldes ihre Millionenboni behalten? Nackter konnte sich eine Kultur der Gier, die die Gesellschaft als Geisel nimmt, nicht entblößen. Deshalb hätte die Kernschmelze der Finanzkrise erwarten lassen, dass der Vulgär-Liberalismus abdanken muss. Stattdessen prägt er weiter die Politik. Viele Banken sind seit der Finanzkrise noch größer und damit noch gefährlicher geworden. Alle Vorschläge, sie zu zerschlagen oder die risikoreichen Geschäfte in separat haftende Einheiten abzuspalten, wurden vereitelt. Der Liberalismus setzte sich durch. Die nächste Finanzkrise bezahlt wieder die Allgemeinheit.

Der Liberalismus boxt auch weiter eine Begünstigung der Reichen durch, obwohl die mit der wachsenden Ungleichheit längst zum Stachel im Fleisch der vielen Besitzlosen wurde. Seit 20 Jahren gibt es in der Bundesrepublik keine Vermögensteuer. Auf die 200 bis 300 Milliarden Euro, die jährlich vererbt und verschenkt werden, werden gerade mal fünf Milliarden Steuern bezahlt. Das entspricht einem Steuersatz von zwei Prozent – davon kann ein Geringverdiener nur träumen. Profiteure sind die zwei Prozent Reichsten, die ein Drittel der Erbschaftssumme hinterlassen, während sehr viele Bundesbürger nichts oder kaum etwas vererben.[12]

Trotz dieser eklatanten Differenzen setzten die Familienunternehmer 2016 nach eineinhalb Jahren Lobbykampf durch, dass sie ihre Firmen weiterhin weitgehend steuerfrei vererben. Und das, obwohl Bundesverfassungsrichter die Privilegien kassiert hatten. In den vergangenen Jahren bekamen etwa 100 Kinder unter 14 Jahren steuerfrei Firmen im Wert von 30 Milliarden Euro übertragen, ohne dafür irgendeine Leistung erbracht zu haben. Für jeden waren das 320 Millionen Euro.[13] Diese schönen Privilegien sind nun für die Zukunft gesichert.

Falls es noch eines Beweises bedurfte, hier ist er: Der

Neoliberalismus regiert trotz der Finanzkrise einfach weiter. Während Millionenfirmen steuerfrei vererbt werden, rangieren Aufstiegschancen von Normalbürgern auf der Agenda ganz unten. In Deutschland sind die Vermögen so ungleich verteilt wie nirgends in der Eurozone – und das soll bitte so bleiben. Der Neoliberalismus ist mittlerweile so mächtig, dass er keiner FDP im Bundestag mehr bedarf.

Während die Vermögenden entlastet werden, leisten Normalverdiener in Deutschland im internationalen Vergleich hohe Abgaben. Die Renten wurden kaum an die Löhne angepasst, nach Inflation sanken sie seit der Jahrtausendwende um bis zu 15 Prozent. Sozialleistungen wurden ebenfalls kaum angepasst und teilweise reduziert.[14] Wer länger ohne Stelle ist, bekam vor 20 Jahren im Schnitt 75 Prozent des früheren Nettoeinkommens als Arbeitslosengeld. Heute sind es 61 Prozent. Wer auf Hartz IV abstürzt, hat nur 400 Euro im Monat.

Der Vergleich mit anderen Industriestaaten zeigt, dass die Bundesrepublik die Reichen besonders schont, während sie die Armen bedrängt. Steuern auf Vermögen machen weniger als ein Prozent der Wirtschaftsleistung aus, halb so viel wie im Schnitt der OECD-Staaten.

Solche Widersprüche beginnen den Rest der Gesellschaft zu ärgern. Genauso wie die Logik, wonach die Globalisierung höhere Gehälter für die Manager, aber Bescheidenheit für die übrigen Arbeitnehmer erzwingt. »Auch die Globalisierung wird gern als Begründung für höhere Managereinkommen herangezogen«, berichtet der Topmanager Manfred Lange. »Umgekehrt muss sie als Grund herhalten, wenn Mitarbeitern höhere Lohnabschlüsse verweigert werden. Wegen dieser und anderer Ungereimtheiten, wegen der Auswüchse des verhassten ›Finanzkapitalismus‹ und wegen der Steuertricks vieler Vermögender kann es nicht verwundern, dass der Normalbürger immer stärker daran zweifelt, ob die Erfolge unserer Marktwirtschaft wirklich gerecht verteilt werden.« Während Vorstände der DAX-Konzerne 57-mal so viel verdienen wie ihre Mitarbeiter, zahlen nur halb so viele Firmen Tariflohn wie vor 20 Jahren.[15]

Gewinnexplosion, Millionen für Manager, Steuersenkungen für Reiche und ein kargerer Sozialstaat: Aus diesem Mix entsteht Ungleichheit.

Es ist wichtig, zu verstehen, dass die Politik diese Entwicklung bewusst hinnimmt. Bis zur neoliberalen Revolution von Reagan und Thatcher verteilten die Regierungen so von oben nach unten um, dass die Ungleichheit abnahm. Seither nimmt sie zu. »Die unmittelbaren Nachkriegsjahrzehnte waren für die europäischen Wohlfahrtsstaaten eine erfolgreiche Zeit. Doch in allen Ländern geht das Wettrennen am Ende verloren«, resümiert der Ökonom Tony Atkinson. »Generell kam es zu einem Abbau der Umverteilungspolitik mit sehr nachteiligen Konsequenzen für die Einkommensverteilung.«

Dass die Politik die zunehmende Ungleichheit nicht als Missstand begreift, ist angenehm für jene, die die Früchte ihres Reichtums unbehelligt genießen. Und diskret. Diskretion ist wichtig, auch im Landkreis Starnberg. Knapp die Hälfte der Immobilien, die Carmen Gottschalk anbietet, erscheinen nie auf ihrer Website. Da muss keiner von erfahren. »Sie sehen hier Häuser, da denken Sie, das hat nicht so viel gekostet«, sagt sie. »In Wahrheit hat es doppelt so viel gekostet.«

Wie groß manche Villen am See sind, erfährt ein normaler Besucher nie, sagt der Arzt Rüdiger Kuntz, der hier mehr als 30 Jahre praktizierte. »Da müssen Sie sich schon verdammt gut auskennen. Da müssen Sie mit dem Boot vorbeifahren. Dann sind die Grundstücke so groß, dass Sie das Haus gar nicht sehen.«

Mitte der 90er Jahre, erinnert sich Kuntz, gab es beim Reichtum noch mal einen Schub. In Deutschland gingen die Einkommen auseinander. Zu Kuntz in die Praxis kam ein begüterter Patient, der sich ganz schnell untersuchen lassen wollte. Er müsse rasch weg, in der Toskana ein altes Kloster kaufen.

Willkommen zum Monopoly rund um den See. »Wer hier eine Immobilie kauft, soll damit Geld verdienen«, sagt die Maklerin Gottschalk. »Wer hier Immobilien verkaufte, hat riesige Gewinne gescheffelt«, sagt der Arzt Kuntz. Am Immobilien-Monopoly können manche teilnehmen, andere nicht. Die Kinder des höchsten politischen Vertreters im Landkreis etwa. Bevor das Monopoly richtig begann, konnte sich der Polizeibeamte Karl Roth 1980 ein Grundstück in Andechs leisten, dem Ort des bekannten Klosters und des noch bekannteren Biers. Der Quadratmeter kostete 100 Mark. Inzwischen ist für unter 600 Euro nichts mehr zu haben, sagt der heutige Landrat Roth. Seine Kinder zogen weg.

Der Arzt Rüdiger Kuntz erlebte viele Patienten, die sich Starnberg nicht mehr leisten konnten, nachdem sie in Rente gingen. Menschen, die ihr ganzes Leben im Ort verbracht hatten. Die Lebenshaltungskosten machen Normalverdienern zu schaffen, Kindergärtnerinnen, Sachbearbeitern des Landratsamts. Viele arbeiten abends nebenbei im Sonnenstudio oder an der Tankstelle. Der Landrat lässt bezahlbare Wohnungen bauen. Doch ihn sorgt, dass das nur ein Tropfen auf den heißen Stein ist.

Das Immobilien-Monopoly macht auch anderswo Vermögende reich und grenzt Schwächere aus, in vielen Städten, in München, Frankfurt und Berlin.

Zum Monopoly gehört, Kostbarkeiten ungeschmälert zu genießen. Wenn eine Villa mit Zugang zum Starnberger See verkauft wird, hat die Gemeinde ein Vorkaufsrecht auf den Seestreifen, um ihn vielleicht der Allgemeinheit zugänglich zu machen. Verkäufer taxieren deshalb den Streifen separat, auf 15 000 Euro pro Quadratmeter, damit die Gemeinde nicht kaufen kann.

Wenn riesige Grundstücke aufgeteilt werden, gibt es ebenfalls Tricks. So wie kürzlich bei 5000 Quadratmetern in Starnberger Villenlage, Max-Emanuel-Straße. Hätte der Eigentümer einfach an die vier Käufer verkauft, wäre das ein Fall von gewerblichem Grundstückshandel gewesen. Er hätte die Millionen aus dem Verkauf voll versteuern müssen. Um das zu umgehen, bildeten die Käufer extra eine Gesellschaft bürgerlichen Rechts, erwarben das Grundstück gemeinsam und dividierten sich später auseinander. Der Verkäufer musste den Gewinn nicht mit dem Finanzamt teilen.

Deutschlands Problem ist nicht, dass es die schöne Welt des Landkreises Starnberg gibt, die Villen, die guten Schulen, das gute Leben. Deutschlands Problem ist, dass zu wenig von Starnberg auf andere Regionen und andere gesellschaftliche Gruppen ausstrahlt. Dass die Politik den Reichen zu wenig nimmt, um es anderen zu geben.

Die andere Seite des Reichtums ist in der Bundesrepublik ebenfalls zu besichtigen, wenn auch selten mit Seeblick. In Deutschland ist nicht nur das Vermögen besonders ungleich verteilt, es gibt auch besonders viele überschuldete Haushalte. Betroffen sind im Vergleich zu anderen Ländern besonders viele 45- bis 65-Jährige mit mittlerer Bildung.[16] Mit dieser Ausbildung ist jemand nach vielen Berufsjahren normalerweise finanziell abgesichert.

»In vielen Gegenden Deutschlands ist die Verschuldenssituation schon dramatisch«, stellt die Kreditagentur Schufa fest. Nirgends ist die private Verschuldung dramatischer als in der einst so stolzen Industriestadt Pirmasens. Im Schufa-Index für mehr als 400 Städte und Landkreise landete Pirmasens 2016 auf dem letzten Platz. Es geht um Menschen wie die Familie Heigert. Die Eltern Eva und Stefan, beide ohne Berufsabschluss, haben beide Privatinsolvenz angemeldet. Eva Heigert ärgert sich darüber, wie es zu den Schulden gekommen ist. Mal haben sie Produkte für Freunde bestellt, die ihnen nachher nicht das Geld gaben. Mal nutzte ihr Vater ein Handy, das er auf ihren Namen anmeldete. Mal kauften sie den Kindern Geburtstagsgeschenke, obwohl sie nichts mehr auf dem Konto hatten. 28 000 Euro Schulden drücken sie. Bei jedem Job stottern sie etwas ab.

Eva Heigert zählt die Jahre. In fünf Jahren sind alle Kinder in der Schule. In fünf Jahren sind sie aus der Privatinsolvenz raus. Dann arbeiten beide, stellt sie sich vor, und endlich bleibt vom Lohn etwas übrig. Dann könnten sie vielleicht zum allerersten Mal in Urlaub fahren. Sie möchte ans Meer. Das hat sie noch nie gesehen.

Armut in Deutschland: Zweieinhalb Millionen Kinder unter 15 wachsen in einer Familie auf, die Hartz IV bezieht oder einkommensarm ist. Drei Viertel der Hartz-IV-Familien fahren nicht wenigstens ein Mal im Jahr in den Urlaub. Die Mehrheit kann mangels Geld keine abgenutzten Möbel ersetzen, nicht ins Kino gehen oder unerwartete Ausgaben bezahlen.[17]

So spaltet sich das Land. Pirmasens ist hinter Gelsenkirchen, Duisburg oder Bremerhaven die Stadt mit den meisten Schuldnern. Die wenigsten Schuldner leben in den bayerischen Landkreisen München, Eichstätt, Erlangen – und Starnberg.

Ein Drittel der Hartz-IV-Familien kann nicht ab und zu neue Kleidung kaufen. Ein Drittel kann keine ärztliche Behandlung bezahlen, die die Krankenkasse nicht übernimmt, und keine Freunde nach Hause zum Essen einladen.

Das »Porsche Zentrum Fünf Seen« wirbt damit, Kunden aus dem Landkreis Starnberg könnten hier »die Faszination Porsche in allen Facetten live erleben« und »hautnah erfahren«. Zum Beispiel in einem 911 Turbo S ab 200 000 Euro. Oder doch lieber in einem 918 Spyder mit Weissach-Paket ab 840 000 Euro? Das ist eine Summe, die ein Durchschnittsverdiener sein ganzes langes Berufsleben von 38 Jahren nicht zusammenbekommt.

Für ein Auto.[18]

3.
Todesurteil: Zu wenig verdient

Die konservative Riege der Relativierer ist schnell zur Hand mit der Behauptung, Ungleichheit habe kaum etwas zu bedeuten. »Einkommensungleichheit ist kein Problem, das man beseitigen müsste«, erklärt der Harvard-Ökonom Martin Feldstein.[1] Hungert doch keiner bei uns. Arm sind die in Pirmasens doch bloß im Vergleich zu denen in Starnberg. Im Vergleich mit denen in Afrika sind sie doch reich. Lass doch die in Starnberg beim Immobilien-Monopoly reich werden und sich den Porsche mit Weissach-Paket für 840 000 Euro kaufen.

Ja wirklich?

Im Landkreis Starnberg leben Männer im Schnitt mehr als 81 Jahre, so lange wie nirgends sonst in Deutschland. In Pirmasens sterben sie acht Jahre früher, so früh wie nirgends sonst im Land. Todesurteil: Zu wenig verdient. Offiziell ermittelt vom Bundesinstitut für Bau-, Stadt- und Raumforschung (BBSR).

Als diese Daten herauskamen, waren sie im Rathaus von Pirmasens konsterniert. Sie rechneten nach. Jetzt wissen sie es genau: Ein Mann, der von Sozialleistungen lebt, stirbt in Pirmasens sogar schon mit 62. Also 20 Jahre früher als ein normaler Mann in Starnberg.

»Ungleichheit wird in Deutschland bis zu einem gewissen Ausmaß eher hingenommen«, sagt der Medizinsoziologe Thomas Lampert. »Aber wenn sie auf die Gesundheit durchschlägt, kann das die Gesellschaft nicht mehr hinnehmen.«[2]

Natürlich gibt es in Starnberg die Landschaft, die Seen, das, was Landrat Karl Roth »Markenkern naturgesund« nennt: »Sie sind schnell draußen beim Schwimmen oder beim Joggen.« Sein Landkreis weist nicht nur die meisten Cabrio-Fahrer in Deutschland auf, sondern auch die meisten Jogger. Aber erklärt das genug? Pirmasens ist anmutig auf sieben Hügeln erbaut, »wie Rom«, sagten sie früher, als der Vergleich noch weniger absurd klang. Vor den Stadttoren legt das Biosphärenreservat Pfälzerwald hunderte Kilometer Wanderwege aus. Mit Landschaften hat die Langlebigkeit also wenig zu tun. Ebenso wenig mit Nachbarschaft: In Gelsenkirchen leben sie deutlich kürzer als im nur 70 Kilometer entfernten Münster.

Man kommt einer Erklärung näher, wenn der Starnberger Landrat und der Pirmasenser Bürgermeister über ihre Arbeitnehmer sprechen. Der Starnberger redet über hohe Bildung, über Spaß in Forschung und Entwicklung, über kreative Firmen, deren Beschäftigte nicht auf die Uhr schauen. Der Pirmasenser sagt unter anderem, »wer lange arbeitslos ist, stirbt früher«.

Besonders lang leben Deutsche in Regionen mit überproportional hohen Bildungsabschlüssen, attraktiven Arbeitsplätzen, wenig Schuldnern und wenig Hartz-IV-lern. Besonders lang leben sie in München, im Mittelständler-Dorado Böblingen, im Banker-satten Hochtaunuskreis. Auf einer Landkarte des Bundesinstituts BBSR strahlen Südbayern, weite Teile Baden-Württembergs und die Gegenden um Frankfurt und Hamburg in leuchtendem Blau; hier wird man alt. Besonders kurz leben Deutsche in strukturschwachen Gegenden wie Hof an der tschechischen Grenze, im ostfriesischen Emden, im ostdeutschen Suhl. Auf der Landkarte sind weite Teile Ostdeutschlands, Ostfrieslands und des Ruhegebiets um Duisburg und Dortmund kränklich weiß markiert; hier stirbt man früh.

Wie lange jemand lebt, ist eine Frage des Geldbeutels, das gilt auch unabhängig von Regionen. Das Berliner Robert-Koch-Institut untersucht im Auftrag der Bundesregierung regelmäßig die Gesundheit der Deutschen. Die Forscher teilen das Land in mehrere Einkommensgruppen. Männer mit dem geringsten Verdienst sterben elf Jahre früher als ihre Geschlechtsgenossen mit dem höchsten Verdienst.

Ein langes Leben, möglichst frei von Krankheiten: Das zählt zu den großen Errungenschaften der Zivilisation, die die Deutschen historisch betrachtet noch nicht so lange genießen. 1871 starben die Deutschen mit Mitte 30. Dann verbesserten sich die Hygiene, die Ernährung, die Arbeitsbedingungen, die medizinische Versorgung. Heute leben die Deutschen bis 80. Wenn aber geringer Verdienst die Lebenserwartung derart reduziert, ist diese Errungenschaft infrage gestellt.

Die sozialen Lebensunterschiede haben mehrere Facetten. »Von allen Dingen, die das Leben lebenswert machen, gehören zusätzliche Jahre sicher zu den wertvollsten«, postuliert der Nobelpreisökonom Angus Deaton.[3] Wer kürzer lebt, hat weniger vom Leben, das ist der schlagendste Nachteil. Aber nicht der einzige. Wer als Pirmasenser Mann im Schnitt mit 73 stirbt, hat nach einem langen Arbeitsleben erst acht Jahre seines Ruhestands genossen – halb so viele wie ein Starnberger Mann. Das heißt auch: Der Starnberger bezieht doppelt so viele Jahre gesetzliche Rente aus einem System, in das sie in Pirmasens genauso einzahlen wie in Starnberg. In Deutschland findet eine klare Umverteilung von unten nach oben statt.

Generell sterben Wenigverdiener mit einer dreimal so großen Wahrscheinlichkeit vor 65, also bevor sie überhaupt den Ruhestand genießen können. Noch krasser werden die Unterschiede, wenn die Forscher nur die lebenswertesten Jahre untersuchen, die ein Deutscher in guter oder sehr guter Gesundheit verbringt. Männer und Frauen aus dem untersten Einkommensfünftel haben etwa 14 gesunde Jahre weniger als die aus dem höchsten Fünftel.[4]

Dies alles ist, wenn es denn so ist, für ein reiches Land ziemlich niederschmetternd. Liberale Kräfte schließen deshalb lieber aus, dass es überhaupt so ist. Besser gesagt: Sie leugnen, dass wirklich der unterschiedliche Verdienst der Grund für die unterschiedliche Lebenserwartung ist. Und es liegt ja auf der Hand, dass Gesundheit nicht so stark vom Geldbeutel abhängen sollte, wenn in Deutschland die allermeisten krankenversichert sind. Zahlt die Krankenkasse nicht allen die wichtigsten Vorsorgeuntersuchungen und Operationen? Gibt es also andere Gründe für das frühe Sterben im Armenviertel? Schließlich hat doch mancher schon davon gehört: Die sogenannte Unterschicht isst schlechter, raucht mehr und trinkt mehr.

Wer so argumentiert, delegiert die Verantwortung fürs frühe Sterben komplett an den Einzelnen. Da ist die Wirkungskette schnell aufgereiht: In der Schule gefaulenzt, keinen guten Beruf gekriegt und sich anschließend die Gesundheit durch Rauchen und Saufen ruiniert. Selber schuld. Von da gelangt man direkt zum amerikanischen Mythos, wonach jeder sein Glück oder eben Unglück selber in der Hand hat und wirklich jeder vom Tellerwäscher zum Millionär aufsteigen kann.

Wer sich mit Wissenschaftlern unterhält, erhält ein völlig anderes Bild. Viele Faktoren, die die Gesundheit verschlechtern, können die Betroffenen kaum beeinflussen. Und andere Faktoren beeinflussen die Betroffenen wegen ihrer Lebensumstände weniger, als es möglich wäre.[5] Matthias Richter und Thomas Lampert forschen seit langem über Ungleichheit und Gesundheit. Der eine als Direktor des Instituts für Medizinische Soziologie an der Uni Halle, der andere als Leiter des Fachgebiets Soziale Determinanten der Gesundheit am Robert-Koch-Institut in Berlin. Sie machen eine Gruppe von einem Viertel der Bevölkerung aus, die eines oder mehrere der folgenden Merkmale aufweist: geringer Bildungsabschluss, geringer Lohn, monotone und/oder schwere körperliche Arbeit etwa auf dem Bau, in der Fabrik, als Lasterfahrer. Wer in dieser Gruppe lebt, erkrankt weit häufiger am Herzen, an Diabetes, an der Leber, an Arthrose, an Krebs. Hat eher Bluthochdruck, Knochenschwund oder einen Schlaganfall. Hat also eher Krankheiten, die das Leben verkürzen.

Welche Mechanismen lösen das aus? Die Forscher unterscheiden mehrere Hauptfaktoren. Da sind zum einen die rein finanziellen Ursachen. Die schlagen sich in vielem nieder, etwa in der freien Zeit, in der sich Menschen regenerieren. »Urlaub in Mallorca in der Bettenburg mit Lärm ist weniger erholsam als Bildungsreisen in die Toskana«, erkennt Matthias Richter. Noch wichtiger sind Wohnverhältnisse. Wer weniger verdient, wird immer mehr an den Rand der Städte oder in bestimmte Quartiere gedrängt. In Berlin etwa in den Wedding oder nach Neukölln, stellt der Berliner Thomas Lampert fest. »An den großen Ausfallstraßen wie Prenzlauer Allee oder Greifswalder Straße sind die Wohnungen deutlich günstiger.« Generell liegen billige Wohnungen häufig an befahrenen Straßen. Wer sich da etwas leisten kann, zahlt dafür: »Lärm und Abgase machen krank«, sagt Professor Richter. Wer wenig verdient, lebt auch häufiger mit schlechteren Fenstern und Schimmel in der Wohnung. Zudem spielt es eine Rolle, dass ärmere Wohnviertel schlechter ausgestattet sind. Fehlen Kinos, Busse und Parks, verringern sich Lebensqualität und Wohlbefinden.

Die persönlichen Finanzen beeinflussen auch die medizinische Versorgung, die in Deutschland doch möglichst gleich sein soll. Besserverdienende Privatversicherte haben Tarife, die sie belohnen, wenn sie regelmäßig zur Vorsorge gehen. Und das ist nur ein Aspekt. Der Landkreis Starnberg, in dem Männer so lang leben wie nirgendwo sonst, verfügt über die zweitmeisten Krankenhausbetten im Land. Und über fünfmal so viel Internisten, wie die Gesundheitsplanung vorgibt. Während andere Regionen Probleme haben, genug Allgemeinärzte zu finden. Ja, sagt Landrat Karl Roth, das Einkommen spielt eine Rolle. Wer viel verdient, kann sich gesünderes Essen und bestimmte medizinische Behandlung leisten.

Fast alle Deutschen sind krankenversichert. Auf dem Papier ist Gesundheit keine Frage des Geldbeutels. In der Praxis schon. Zahnersatz muss der Kassenpatient längst selber zahlen. Was er wählt, hängt vom Einkommen ab. Auf einen Facharzt warten Kassenpatienten länger als Privatversicherte. Das wird zum Beispiel relevant, wenn jemand am Herzen erkrankt. »Privatversicherte bekommen wesentlich schneller Termine beim Kardiologen«, berichtet Matthias Richter. Sie können Behandlungen nutzen, die teurer sind. Es gibt bei allen Krankheiten Unterschiede in der Qualität der Prävention, Heilung und Rehabilitation. »Die sozial schlechter gestellte Person stirbt bei der gleichen Erkrankung früher«, stellt Richter fest. »Das liegt an der schlechteren medizinischen Versorgung.« Studien zeigten, dass ein Herzinfarkt die Lebenserwartung einer Frau mit hohem Einkommen um weniger als vier Jahre verkürzte. Bei Niedrigverdienerinnen waren es elf Jahre.

Ein weiterer Hauptfaktor für Gesundheit und Lebenserwartung ist die Arbeit. Anders als mancher meint, schadet Arbeit nicht grundsätzlich. Im Gegenteil. Der Starnberger Mediziner Rüdiger Kuntz erlebte Patienten, die im Ruhestand in ein Loch fielen, weil sie so sehr in ihren Beruf verliebt waren und sich nichts Neues suchten. Musik, Sport, einen Lesezirkel, was immer. »Ich arbeite so gern«, sagte der Angestellte eines Werkzeugteileherstellers zu Kuntz. Bevor er mehr als ein paar monatliche Renten erhalten hatte, starb er am Herzen. Kuntz' bekanntester Patient, der Schauspieler Johannes »Jopie« Heesters, wurde 108 Jahre alt. »Es hat ihn mit Sicherheit länger leben lassen, dass er so lange gearbeitet hat«, sagt sein Arzt.

Ob einen Menschen Arbeit länger leben oder schneller sterben lässt, hängt davon ab, welche Beschäftigung er ausübt. Die Ingenieure, Architekten und Manager in Kuntz' Praxis verbindet, dass sie in ihrem Beruf Erfolg und Anerkennung erleben und den Inhalt ihrer Tätigkeit stark bestimmen – wie der Arzt selbst, der bis weit in seine Siebziger praktizierte. »Wenn man im Beruf Entscheidungen trifft, die relevant sind, ist das gut für einen. Ganz anders wirkt es sich aus, wenn man tun muss, was einem gesagt wird. Oder wenn man harte körperliche Arbeit erledigt.«

Es hat die Lebenserwartung erhöht, dass Beschäftigte in den Fabriken heute weit weniger Staub und Chemikalien einatmen. Doch Arbeit in Deutschland unterscheidet sich nach wie vor gewaltig. Was in der öffentlichen Debatte kaum eine Rolle spielt. Denn diese Debatte wird von den akademischen und wirtschaftlichen Eliten dominiert, die geistig und selbstbestimmt arbeiten statt körperlich und fremdbestimmt. Für sie bedeutet der Beruf zumindest zeitweise Berufung und Erfüllung.

Für die Gruppe mit wenig Geld, die ein Viertel der Deutschen ausmacht, ist Arbeiten oft wenig mehr als finanzieller Zwang. Für sie gehört Stress zum Alltag. Und chronischer Stress löst Prozesse aus, die auf Dauer krank machen.

Acht Stunden am Bau oder im Lkw strengen körperlich an. Schichten zu unterschiedlichen Tageszeiten strengen an, genauso der Zeitdruck im Akkord. »Wer als Manager höher belohnt wird und Kontrolle über seine Tätigkeit hat, kann sich leichter vor Stress schützen«, analysiert der Gesundheitswissenschaftler Richter. Ein Manager muss Leistungsvorgaben erfüllen, die ebenfalls Stress auslösen können. Aber er kann wenigstens zwischendurch das Tempo erhöhen oder reduzieren. Ein Fließbandarbeiter kann das nicht.

Stattdessen muss er die Tätigkeit auf eine vorgegebene Weise ausführen. Selbst wenn er das für ineffizient hält, kann er kaum etwas ändern. Für den wachsenden Servicesektor, in dem Paketboten und Call-Center-Telefonisten, Kellner und Pfleger arbeiten, gilt das auch. Autonom arbeiten oder Anweisungen befolgen – dieser Unterschied beeinflusst Prozesse, die Krankheiten auslösen.

Der Berliner Soziologe Lampert weist darauf hin, wie rau die Wirtschaftswelt insbesondere für die weniger Verdienenden geworden ist. »Arbeitsplätze sind unsicherer als vor ein paar Jahren. Und wer auf Hartz IV rutscht, fällt tiefer als früher.« Zukunftsängste produzieren Stress, kosten Schlaf, begünstigen Herz- und Kreislauferkrankungen. Wer erst mal in den Klauen ernsthafter physischer oder psychischer Krankheiten steckt, gerät leicht in eine Abwärtsspirale. »Wer öfter fehlt, verliert schneller den Job, gerade bei schlechter Konjunktur und befristeten Verträgen«, berichtet Lampert. »Die Deutschen gingen lange davon aus, dass wir ein gutes soziales Netz haben und niemand wegen Krankheit seine Arbeit verliert. Aber das ist ein frommer Wunsch.« Durch den Jobverlust kann sich jede Krankheit verschlechtern. Das reduziert wiederum die Chancen, neue Arbeit zu finden.

Die Familie von Eva Heigert in Pirmasens ist ein Beispiel dafür, wie sich Krankheit und Beruf gegenseitig beeinflussen. Eva Heigerts Vater gab die Arbeit als Bäcker wegen einer Mehlallergie auf. Er sattelte zum Lasterfahrer um, heute ist er Frührentner. Ihre Mutter sortiert am Fließband Müll, sie wird oft krank, sagt die Tochter. Die Mutter bekommt den Mindestlohn, sie hat ausgerechnet, dass sie nur ein paar Euro mehr erhält als Hartz-IV-ler. »Die haben ein schönes Leben«, klagt sie der Tochter. Eva Heigert war froh, als sie 2015 nach langer Pause eine Anstellung als Pflegeassistentin fand. Endlich ein Schritt in das Leben, das sie sich vorstellt. Sie kümmerte sich darum, dass es mit der Kinderbetreuung klappte, mit dem behinderten Sohn, mit seinem jüngeren Bruder, den die Kindergärtnerinnen mittags nach Hause schicken, weil sie ihn aggressiv finden. Nach einem halben Jahr bekam sie starke Schmerzen, ein schlecht behandelter alter Hüftschaden, sie konnte irgendwann nicht mehr laufen. Das war das

Ende ihrer Anstellung, die endlich ein Schritt in das Leben sein sollte, das sie sich vorstellt.

Minderwertige Wohnungen, schlechtere medizinische Versorgung, stressigere Arbeit: Hört man die Forscher referieren, gibt es wenig daran zu zweifeln, dass Gering- und auch Normalverdiener viele gesundheitliche Gefahren kaum beeinflussen können. Aber was ist damit, dass speziell das ärmere Viertel der Deutschen mehr Fastfood isst, mehr raucht und trinkt und sich weniger bewegt? Zu alldem zwingt doch niemand. All das kann ändern, wer gesund leben will, völlig klar. Die Forscher plädieren nur dafür, zu differenzieren. »Ein Lebensstil ist nicht nur selbstbestimmt«, sagt Thomas Lampert. In bestimmten Berufsgruppen wird wegen des Stresses mehr geraucht, in der Gastronomie genauso wie bei un- und angelernter Arbeit oder in Pflegeberufen. »Die Menschen rauchen oder trinken mehr, um mit dem Stress fertigzuwerden. Der ist bei monotonen, nicht steuerbaren Tätigkeiten einfach größer«, sekundiert Matthias Richter. Ähnlich differenzieren will er bei der Frage, warum die Risikogruppe weniger Sport treibt und schlechter isst. »Wer den ganzen Tag auf dem Bau arbeitet, hat abends keine Lust mehr, ins Fitnessstudio zu gehen«, sagt er. »Er kann es sich wahrscheinlich auch nicht leisten. Und wer kein Geld hat, kann sich keine Biolebensmittel kaufen.« Lampert verweist erneut auf Existenzängste: »Wenn ich jeden Tag darüber nachdenken muss, ob ich meinen Job behalte und wie ich mein Kind ernähre, ist gesunde Ernährung nicht meine oberste Priorität.«

Menschen in der gesundheitlichen Risikogruppe bräuchten mehr Beratung und mehr Unterstützung. Auch durch einen Staat, der dies als Aufgabe erkennt. Stattdessen zeigt sich, dass sie weniger Unterstützung und schlechtere soziale Netzwerke haben als Menschen mit mehr Geld. Ärmere sind häufiger geschieden und verfügen über weniger soziale Beziehungen, sagt Matthias Richter. »Sie haben weniger Freunde, Kollegen oder Familienmitglieder, auf die sie im Belastungsfall zugreifen können.« Zum Beispiel, wenn es um die Kinder geht. Eine Mutter aus gut verdienenden Schichten verfügt über Geld für eine gute Kita und im Regelfall über Großeltern und den Vater zur Unterstützung. Eine alleinerziehende Mutter, die arbeiten muss, um ihre Kinder zu ernähren, verfügt unter Umständen über nichts von alledem.

Intakte Nachbarschaften wirken sich positiv auf die Gesundheit aus, sagt Thomas Lampert. »Man hilft sich mit den Kindern oder mit dem Einkaufen.« Ein solches Umfeld schafft Vertrauen, reduziert Ängste, gibt ein Gefühl der Geborgenheit. »Doch in Mietskasernen leben die Menschen schneller anonym nebeneinanderher als in Eigenheimsiedlungen. Es gibt weniger freie Flächen, auf denen man sich aufhalten und Nachbarn begegnen kann. Man lässt die Kinder nicht so gern raus, weil sie Opfer von Gewalt werden könnten« – wie bei den Heigerts in Pirmasens.

Lampert zitiert Statistiken, wonach Deutsche aus der Risikogruppe seltener Untersuchungen der Schwangerenvorsorge oder Krebsfrüherkennung in Anspruch nehmen. Schwer verständlich, aber für Lampert hat auch das damit zu tun, über welche persönlichen Ressourcen jemand verfügt. Wie sehr glaubt ein Mensch, sein Leben wirklich bestimmen zu können, indem er sich um sich selbst kümmert? Und wie sehr ist er über gesundheitliche Wirkungen aufgeklärt, wenn »die offiziellen Informationen von der Mittelschicht für die Mittelschicht gemacht sind, statt mit Infos in einfacher Sprache alle Bevölkerungsgruppen zu erreichen«?

Angesichts dessen ist die Art, mit der der Arzt Rüdiger Kuntz seine Patienten beschreibt, sehr aufschlussreich: »Sie sind aufgeklärt, treiben Sport und gehen zum Arzt.« Im Landkreis Starnberg nimmt eine deutlich höhere Anzahl von Bewohnern Vorsorgechecks wahr als in anderen Regionen.

Sowohl für Prävention als auch den Verlauf einer Erkrankung spielt es eine große Rolle, welches Selbstwertgefühl jemand hat, sagt Thomas Lampert. Ob er das Gefühl hat, sein Leben zu kontrollieren. »Wenn ich glaube, dass ich selbst was tun kann, suche ich mir einen guten Arzt, verhalte mich gesünder und nehme weiter am sozialen Leben teil. Andernfalls bin ich schicksalsergeben. Ich sehe wenig Sinn darin, Behandlungsempfehlungen umzusetzen und meinen Lebensstil zu ändern. Ich ziehe mich von anderen zurück.«

Todesurteil: Zu wenig verdient.

Was lässt sich dagegen tun? Eine Menge. Sozial Benachteiligte profitieren besonders, wenn Betriebe Gesundheitsförderung betreiben, Krankenkassen spezielle Beratung anbieten und der Staat Alkohol und Tabak durch höhere Steuern und Werbeverbote zurückdrängt. Alles gut. Aber nicht genug. Maßnahmen, die nur auf eine Änderung des Verhaltens abzielen, reichen nicht, sagt Thomas Lampert: »Man muss die Lebensumstände verbessern.« Lärm und Abgase in den Städten reduzieren, anständige bezahlbare Wohnungen schaffen, Arbeit abwechslungsreicher und selbstbestimmter gestalten, zum Beispiel. Und Programme starten, die genau auf die Risikogruppe abzielen. Doch anders etwa als in Großbritannien oder Schweden existiert in Deutschland keine umfassende politische Strategie, mit deren Hilfe die gesundheitliche Ungleichheit verringert werden kann. Großbritannien setzt quantitative Ziele, die Lebenserwartung der Schichten anzugleichen oder die Zahl rauchender Mütter zu reduzieren. In Deutschland gibt es nur haufenweise allgemeine Bemühungen, die Gesundheit zu verbessern. Und dabei fallen Menschen mit wenig Geld durch den Rost.

So wachsen Kinder schon ganz früh mit Nachteilen auf, die sich später kaum beheben lassen. Jede vierte Mutter aus der bildungsfernen Schicht mit wenig Einkommen raucht, aber nur jede zwanzigste Gutverdienerin. »Was wir an vorzeitiger Sterblichkeit sehen, ist oft nicht in den letzten 20 Lebensjahren angelegt, sondern teils schon im Mutterleib«, weiß Thomas Lampert. Kinder aus der Risikogruppe haben öfter Karies und Asthma, erleiden häufiger Gewalt und psychische Erkrankungen, sind doppelt so oft magersüchtig und übergewichtig. Wie für anderes gilt, dass sich Fettleibigkeit im Kinder- und Jugendalter später nicht einfach auswächst, sondern der Gesundheit langfristig schadet.

Wenn der Staat diese Nachteile ernst nehmen würde, würde er flächendeckend Familienhebammen zu sozial benachteiligten Schwangeren und jungen Müttern schicken, die über Risiken und Ernährung aufklären. Und später Sozialpädagogen, die mithelfen, dass die Kinder in Kita und Schule, bei der Ernährung und beim Sport ähnliche Chancen erhalten wie ihre besser versorgten Altersgenossen. Stattdessen gibt es alle möglichen Modellprojekte. Aber keine deutschlandweite Strategie.

So bleibt es dabei, dass die Weichen im Leben früh gestellt werden – und für viele Kinder aus der falschen

Schicht in die falsche Richtung. Und dass ein durchschnittlicher Mann in Pirmasens acht Jahre früher stirbt als einer in Starnberg. Lebt er von Sozialhilfe, sogar zwanzig Jahre früher.

Was solche Unterschiede politisch auslösen, wird sich noch zeigen. In den USA ist die Lebenserwartung bereits zum Thema geworden, notiert Nobelpreisträger Amartya Sen. »In Amerika gibt es insbesondere in der weißen Arbeiterschicht große Unzufriedenheit. Bis vor zehn Jahren stieg die Lebenserwartung der weißen Mittelschicht kontinuierlich an, jetzt nicht mehr. Ihre Hoffnungen auf ein ausreichendes Maß an sozialer Sicherheit haben sich nicht erfüllt. Deshalb sind die Menschen wütend auf das politische Establishment, weil sie sich von der Politik im Stich gelassen fühlen.«[6]

Die Gewissheit liberaler Zweckoptimisten, dass sich die Lebensunterschiede Reicher und Armer früher oder später von selber einebnen, lässt sich nicht bestätigen. Im Gegenteil. In den Rentendaten deutscher Männer zeigt sich: Wer gut verdiente und deshalb eine hohe Rente bezieht, lebte Mitte der 90er Jahre etwa drei Jahre länger als Männer mit wenig Rente. Bis Ende der Nullerjahre hat sich dieser Unterschied nicht verringert, sondern auf fünf Jahre erhöht.[7]

Das ist ein Vorbote der weiteren Entwicklung, glaubt Thomas Lampert: »Die zunehmende Einkommensungleichheit der vergangenen 20 Jahre könnte sich in den gesundheitlichen Daten erst noch zeigen.«

4. Italiener und Griechen sind reicher oder: Der Bankrott des deutschen Sparers

Als Niels Nauhauser damals am Ende der Banklehre vor den Prüfern saß, fragten sie ihn: Welche Marke hat der Deutsche Aktienindex vor kurzem übersprungen? Lehrling Nauhauser wusste es: 2000 Punkte. Man schrieb das Jahr 1995. Wer damals Aktien kaufte, hat seinen Einsatz heute etwa verfünffacht. Aus jeden 20000 Euro wurden 100000. Das klingt wie ein Programm, um reich zu werden. Es ist ein sehr exklusives Programm: Denn nur jeder zehnte Deutsche nimmt daran teil. Die anderen besitzen keine Aktien, dafür jede Menge andere Finanzprodukte: Sparkonten (drei Viertel der Deutschen), Lebens- und Rentenversicherungen (die Hälfte), Bausparverträge (ein Drittel).[1] Alles Produkte, die weniger riskant sind, langfristig meist aber viel weniger abwerfen als Aktien. So spaltet sich die deutsche Gesellschaft auch bei der Geldanlage.

Niels Nauhauser fing nach Banklehre und Studium bei der Unternehmensberatung McKinsey an. Er half Beratern, Vorschläge zu entwickeln, wie Banken mehr Geld verdienen könnten. Sein Vorbild waren immer die Geldhäuser, die am meisten verdienten. Gewinne von mehr als 20 Prozent. Nach einer Weile wechselte Nauhauser radikal die Seiten. Seit zwölf Jahren berät er bei der Verbraucherzentrale Baden-Württemberg Sparer. Seit zwölf Jahren ist Abteilungsleiter Nauhauser jeden Tag mittendrin in der Frage, was die Deutschen mit ihrem Geld machen.[2] Und was sie damit nicht machen. Aktien kaufen, zum Beispiel.

Es gab eine Zeit, kurz nach Nauhausers Lehrlingsprüfung, da waren die Deutschen heiß auf Dividendenpapiere. Sie schlugen bei den Kapitalerhöhungen der Deutschen Telekom zu oder bei der Filmrechtefirma Em.tv. Bis diese gehypten Papiere abstürzten. Die meisten Deutschen wandten sich enttäuscht von der Börse ab. Jetzt sitzen sie bei Nauhauser in der Beratung und klagen. Aktien sind Teufelszeug. Oh Gott, die Börse ist ein Casino.

Schuld sind aber nicht die Aktien, sagt Nauhauser. Schuld sind die Bankmitarbeiter, die den Kunden damals die gehypten Papiere empfahlen. Statt ihnen eine Mischung deutscher und internationaler Wertpapiere nahezulegen, die langfristig Gewinne abwerfen. »Hätte damals ein Berufsstand echter Berater existiert, hätten die Deutschen ihr Geld mit Aktien bis heute verdrei- oder vervierfacht.«

Echte, unabhängige Berater gibt es auch heute kaum. Stattdessen Versicherungsvertreter und Banken, die Kunden als Riester-Altersvorsorge eine Lebensversicherung empfehlen. Warum? Weil Vertreter oder Bank dann oft 2000 Euro Provision kassieren. Bei einem Riester-Aktiensparplan fließen dagegen oft nur fünf Euro pro Monat. »Die Lebensversicherungen sind das beliebteste Altersvorsorgeprodukt der Vertreter«, erklärt Nauhauser. »Und deshalb haben so viele Deutsche eine, nicht, weil sie unbedingt eine Lebensversicherung wollen.«

Ähnliche Provisionen lassen sich bei Bausparverträgen kassieren, die Finanzexperte Nauhauser ebenfalls meist für ungeeignet hält. Und dann sind da noch die Sparbücher. Kindern wird seit Jahrzehnten in der Schule der Wert des Sparens mit dem Sparbuch eingetrichtert, durch den Weltspartag wurde es zum Kulturdenkmal erhoben. Nur bringen die Sparbücher den Sparern seit Dekaden kaum Zinsen. Sie erlauben den Banken dadurch, Firmen günstig Kredite zu geben. »Wir machen unsere Unternehmen fit. Die Rendite überlassen wir anderen«, kritisiert Stefan Kooths, Leiter des Prognosezentrums am Institut für Weltwirtschaft.[3]

Die deutschen Sparer denken, sie tun etwas Gutes. Und das tun sie auch: für Banken und Versicherer, die den Kunden minderwertige Produkte aufdrängen und damit viel verdienen. Nur sich selbst tun die Sparer damit nichts Gutes. Sie haben am Ende viel zu wenig übrig.

Dabei halten sich die Sparer für klug, weil sie ihr Geld besonders sicher anlegen. Sicherheit ist das Zauberwort, mit dem Banken und Versicherer den Deutschen Finanzprodukte schmackhaft machen, die wenig abwerfen. Sicherheit verfängt in einer Nation, der die Geldentwertungen 1923 und 1948 ins kollektive Gedächtnis eingebrannt sind, obwohl sie kaum ein heutiger Zeitgenosse erlebt hat. Aber wie viel ist Sicherheit wert, wenn die Inflation den Großteil des mickrigen Ertrags auffrisst? Und sind die schlechteren Anlageformen überhaupt sicherer?

Bei Aktien muss der Anleger Schwankungen aushalten, ja, doch das zahlt sich nach ein paar Jahren meistens aus. Die Überlegenheit von Aktien ist über lange Zeiträume nachgewiesen. Die Ökonomen Rajnish Mehra und Edward J. Prescott zeigten, dass US-Aktien ab Ende des 19. Jahrhunderts nach Inflation pro Jahr durchschnittlich satte sieben Prozent abwarfen. Kurzfristige Staatspapiere brachten unter ein Prozent. Aktien waren also mehr als hundert Jahre lang deutlich überlegen. Und sie waren kaum unsicherer als die Staatspapiere, deren Kurse ebenfalls schwankten. Mehra und Prescott folgern: Die Aktienscheu von Anlegern ist ein totales Rätsel.[4] Die Überlegenheit der Aktien liegt ja auch in der Logik des Kapitalismus. Aktionäre, und nur sie, partizipieren am Herzstück der Volkswirtschaft, den Firmen und ihren Gewinnen.

Die beliebtesten Sparanlagen der Deutschen fördern, dass sich die Deutschen auch beim Geldanlegen spalten. Reiche kaufen Aktien und Häuser und werden dadurch im Regelfall reicher. Die große Masse scheut sich vor Aktien und kann kein Haus bezahlen. Sie schenkt ihr Geld Banken und Versicherern für Mickerzinsen und bleibt so arm wie zuvor.

Obwohl sich die Deutschen zu Recht als Weltmeister im Sparen fühlen – sie sparen weitaus mehr als andere Nationen –, kommt so wenig dabei heraus. Wie ist das möglich? In der Bundesrepublik treffen zwei Faktoren aufeinander, die die Ungleichheit der Vermögen verschärfen. Zum einen wirkt die bestehende Ungleichverteilung fatal, die weitaus größer ist als in den meisten Industriestaaten. Die meisten haben zu wenig, was sie gewinnbringend anlegen könnten, um echte Ersparnisse zu bilden. Sie können sich zum Beispiel keine Immobilie kaufen. Und zum anderen legt die große Masse das, was sie hat, falsch an.

Wie dramatisch sich das auswirkt, demonstrierten 2013 die Europäische Zentralbank (EZB) und die nationalen Notenbanken. Ihre Untersuchung bedeutet nichts Geringeres als den Bankrott des deutschen Sparers. Umfangreiche Befragungen legten offen, dass die Hälfte der deutschen Haushalte entweder nur Schulden hat oder ein Vermögen von ein paar tausend bis höchstens 50 000 Euro.

Diese 50 000 sind der Mittelwert, die Hälfte der Deutschen besitzt mehr, die andere Hälfte weniger.

Und jetzt kommt es: Dieser Mittelwert liegt in Deutschland nach Jahren des Booms so niedrig wie in keinem anderen der 15 Euro-Staaten, die an der Studie teilnahmen. Belgier besaßen mehr als 200 000 Euro, Italiener mehr als 160 000.

Noch bitterer wird es, betrachtet man Portugiesen, Griechen und Spanier: Sie besitzen nach der Studie im Mittel 25 000, 50 000 Euro und 130 000 Euro mehr als ihre deutschen Nachbarn.[5] Mit anderen Worten: Die südeuropäischen Völker, die in der Eurokrise hunderte Milliarden Euro Kredite bekamen, sind weitaus reicher als ihre größten Geldgeber. Selbst wer die großen Vorteile des Euro für Deutschlands Exporte anerkennt, zuckt da zusammen.

Die Enthüllung der Bundesbürger als Habenichtse beweist zwar nicht, dass die Euro-Rettung ein Fehler war. Hätten die Euro-Nationen die Krisenstaaten im Stich gelassen, wäre der Euro kollabiert und die Exportausfälle für die Bundesrepublik immens gewesen. Die Studie belegt jedoch etwas anderes: Die Bundesregierung hat die Rettung verkehrt verhandelt. Alle Krisenstaaten erlebten nach der Jahrtausendwende einen Boom, weil der Euro ihnen günstige Zinsen zum Bauen, Investieren und Konsumieren bescherte. In dieser Zeit senkten die südeuropäischen Regierungen die Steuern gerade für reichere Bürger, die so noch reicher wurden. Doch seit die Krise ausbrach, wurden weder in Spanien noch in Portugal oder Griechenland Vermögende angemessen an den Kosten der Rettung beteiligt. Dafür ist es nicht zu spät: Sie könnten immer noch über höhere Steuern oder eine Vermögensabgabe belangt werden. Doch weder die betroffenen Regierungen selbst noch die Bundesregierung setzen das durch. Sie belasten lieber die deutschen Steuerzahler. Denn die Rettung ist keineswegs kostenlos, obwohl sie aus Krediten besteht. Weil die Zinsen teils künstlich verbilligt wurden und zumindest Griechenland die Kredite kaum voll zurückzahlen wird, dürfte den Deutschen ein Milliardenschaden bleiben.

Die Deutschen: Europas Habenichtse, selbst wenn sie zur Mittelschicht zählen. Mit einem Vermögen, das im Mittel weniger als halb so hoch ist wie in den anderen Staaten der Eurozone. Das sind erschütternde Zahlen. Bundeskanzlerin Angela Merkel beeilte sich nach der Veröffentlichung der EZB-Studie denn auch, dagegenzuhalten. Merkel musste fürchten, dass ihr die umstrittene Rettungspolitik endgültig um die Ohren fliegt. »Rein statistisch sind Länder wie Spanien, Zypern oder Griechenland pro Haushalt reicher als wir«, räumte Merkel ein. »Aber Vorsicht, die Statistik ist verzerrt. Die hohen Rentenansprüche der Deutschen sind nicht enthalten.«[6] Die Bundesbürger, soll das heißen, können sich im Gegensatz zu anderen auf ihre Rente verlassen und müssen deshalb weniger Vermögen bilden? Diese Argumentation hinkt, bestenfalls.

Rentenansprüche sind kein Vermögen, über das jemand verfügen kann, wie er will. Er kann damit kein Haus kaufen, wenn er aus seiner Mietwohnung fliegt. Er kann nicht in seine berufliche Qualifikation investieren oder seine Kinder und Eltern unterstützen. Rentenansprüche kann eine Bundesregierung senken. Genau das tun die Regierungen seit den 90er Jahren wegen der Alterung der Gesellschaft dauernd. Es gibt Berechnungen, wonach die Standardrente von vor 25 Jahren in 25 Jahren von 57 auf unter 40 Prozent des Durchschnittslohns gefallen sein wird – ein dramatischer Verfall.

Angesichts dieses Trends ist es hochriskant, kein Vermögen zu bilden. Zumal sogar die Behauptung falsch ist, dass die Deutschen durch ihre gesetzliche Rente viel besser gestellt sind als andere Nationen und deshalb kein Vermögen brauchen. In Deutschland erreicht die Altersrente 60 Prozent des vorherigen Einkommens, rechnet die OECD vor. Bei Mittelverdienern in Italien, Spanien und Griechenland sind es dagegen 82 Prozent.[7] Und das, nachdem Deutsche im Schnitt 37 Jahre gearbeitet haben, Italiener, Spanier und Griechen aber nur 30 bis 34 Jahre.[8]

Nein, der dramatische Befund der Zentralbanken lässt sich nicht wegwischen: Die Deutschen sind Europas Habenichtse. Sie haben nix, weil das Vermögen extrem ungleich verteilt ist und die meisten dann auch noch falsch anlegen. Nur 44 Prozent der Bundesbürger wohnen in ihrem eigenen Haus – aber 68 Prozent der Italiener und mehr als 80 Prozent der Spanier. Immobilien demonstrieren Wohlstand. Steigen die Preise, mehren sie ihn auch. Vergleicht man die Hausbesitzer in Deutschland, Spanien und Italien, zeigt sich das. Das Vermögen der deutschen Hausbesitzer ist genauso hoch wie das der Hausbesitzer anderer Staaten. Hier klafft auf einmal keine Reichtumslücke mehr im Vergleich zu den Nachbarn. Nur besitzen die meisten Deutschen eben keine Immobilie. Das Monopoly am Starnberger See macht ausschließlich die Vermögenden reich, die mitspielen können. Es findet auch in vielen deutschen Städten statt, in München, Frankfurt und Berlin.

Klar, Immobilienpreise können schwanken. In Teilen Südeuropas gab es eine Preisblase, die mit lautem Knall platzte. Die Häuserpreise fielen. Die Untersuchung der Zentralbanken von 2013 basiert teils auf Zahlen, die den Preisrutsch etwa in Spanien noch nicht enthalten. Doch die Unterschiede zwischen Deutschland und den anderen Nationen sind zu gewaltig, als dass sie durch eine geplatzte Immobilienblase verschwinden würden.

Eine Wiederholung der Befragung zeigte Ende Dezember 2016 genau das. Danach hat sich das mittlere Vermögen der Deutschen zwar leicht auf 60 000 Euro erhöht. Doch das sind nach wie vor nur gut halb so viel wie im Schnitt von jetzt 18 Euro-Staaten. Franzosen besitzen doppelt so viel, Italiener mit knapp 150 000 Euro zweieinhalb Mal so viel. Und nach wie vor liegen alle Euro-Krisenstaaten von Zypern über Spanien, Portugal, Irland und Griechenland über den Deutschen. Manche sehr deutlich. Eine Pleite für die Deutschen. Müssten sie es nicht sein, die nach Jahrzehnten als wirtschaftliche Vorreiter den Rest Europas in Sachen Vermögen in einen sehr dunklen Schatten stellen?

Stattdessen hinken die Vermögen der Deutschen hinterher. Und es kommt noch schlimmer: Die Nullzinspolitik, mit der die EZB den Krisenstaaten helfen will, verschärft die Situation der deutschen Sparer noch. Ihre Lieblingsanlagen wie Sparkonten und Lebensversicherungen werfen noch weniger ab. Vom Turbo, den der Zinssturz an den Börsen zündet, profitieren deutsche Sparer nicht. Und ebenso wenig davon, dass Häuser so billig zu finanzieren sind wie noch nie. »Die Nullzinspolitik jagt die Vermögenspreise hoch«, konstatiert der Kieler Ökonom Stefan Kooths. »Sie trifft die Geringverdiener, für die nur klassische Sparformen infrage kommen, die kaum noch was abwerfen. Aktien sind ihnen zu unsicher und Immobilien zu teuer.« Die Nullzinsen und die expansive Geldpolitik sind das zentrale Werkzeug der EZB, um den Krisenstaaten zu helfen. Ob es wirkt, ist mindestens zweifelhaft. Glasklar sind dagegen für den Ökonomen Kooths die Nachteile gegenüber dem konservativen Kurs, den die Bundesbank früher verfolgte: »Entgegen der landläufigen Meinung ist eine konservative Geldpolitik zugleich eine, die den Schwächsten der Gesellschaft am meisten nützt. Vermögende können sich gegen monetäre Kapriolen wappnen und zumeist gut daran verdienen. Die Zeche zahlen immer die Ärmsten.«

Zahlen der Bundesbank zeigen, wie die vergangenen Jahre abliefen. Die meisten Deutschen wollten oder konnten ihr Anlageverhalten trotz niedriger Sparzinsen und steigender Immobilien- und Aktienpreise nicht ändern. Die Konsequenzen sind drastisch. Während die Hälfte der Hausbesitzer um mehr als 33 000 Euro reicher wurde, kamen bei den meisten Mietern weniger als 1000 Euro dazu. Oder sie verloren sogar etwas. Und während die Hälfte der Wertpapierbesitzer um mehr als 38 000 Euro reicher wurde, kamen bei den meisten Freunden des Sparkontos höchstens 2500 Euro dazu. Oder sie verloren sogar etwas.[9]

Man muss sich klarmachen: Dies waren Jahre, in denen die deutsche Wirtschaft sehr gut lief, während viele europäische Volkswirtschaften schrumpften. Am Besitztum der meisten Deutschen ging das spurlos vorbei. Die Reichen dagegen sind noch reicher geworden. Die Gesellschaft hat sich noch stärker gespalten.

Die ärmere Hälfte legt ihr bisschen Geld falsch an, manipuliert von Banken und Versicherern. Und schon weil manche so viel haben und die anderen so wenig, kommt die untere Hälfte aus ihrer Lage kaum heraus. Sie kann kein Haus kaufen und so aus dem Immobilienboom Honig saugen, der nun auch die Bundesrepublik erfasst hat. Mittlere deutsche Haushalte profitieren überhaupt nicht von steigenden Immobilienpreisen, stellen die Ökonomen Klaus Adam und Panagiota Tzamourani fest. Dagegen dämpfen steigende Immobilienpreise in Spanien, Portugal, Finnland oder den Niederlanden die Ungleichheit, weil sehr viele Bürger Immobilien besitzen.[10] In Deutschland ist es anders: Reich und Ärmer fallen auseinander, weil nur eine Minderheit von den Wertsteigerungen der Immobilien profitiert.[11]

Die Deutschen mühen sich unheimlich und versagen sich viel, um Exportweltmeister und Supersparer zu sein. Doch bei den meisten von ihnen ist davon auf dem Konto wenig zu sehen. Bedenkt man, wie hart die meisten Deutschen arbeiten, bleibt ihnen am Ende des Tages erschreckend wenig. Wer als Unternehmer reich wurde oder einfach nur geerbt hat, bewegt sich in einer Sphäre, die für die Mehrheit völlig unerreichbar ist – und immer unerreichbarer wird. Der Vergleich mit anderen europäischen Nationen zeigt: Das deutsche Modell ist ein Schlag ins Gesicht der Normalbürger. Es versagt darin, die Früchte der wirtschaftlichen Leistung angemessen zu verteilen. Die nächste Bundesregierung muss eine völlig andere Verteilungs- und Vermögenspolitik einschlagen. Wie das geht, wird in den Kapiteln *Umsteuern* und *Macht Arbeiter zu Kapitalisten* skizziert.

Die Deutschen sind Habenichtse, die im Mittel weniger als halb so viel haben wie ihre europäischen Nachbarn. Sie besitzen weniger als ein Fünftel der Zyprioten, die im Mittel über knapp 270 000 Euro verfügen, aber im Jahr 2013, als die Studie erschien, mit Hilfskrediten gestützt wurden. Es wäre zu erwarten gewesen, dass die EZB-Studie einen Aufstand auslöst. Mit hunderttausenden Demonstranten in Berlin, die so eine Kanzlerin aus dem Amt pfeifen. Es wirkt zunächst erstaunlich, dass es dazu nicht kam. Das liegt sicher auch daran, dass die EZB oder die Bundesbank generell zurückhaltend und kompliziert formulieren. Den Zentralbankern passten die Ergebnisse auch gar nicht in den Kram: Sie hielten sie 2013 wochenlang zurück, bis die Zypern-Hilfe beschlossen war.

Diese Heimlichtuerei wiederholten sie 2016. Sie veröffentlichten die Studie einen Tag vor Weihnachten, um sie in der Konzentration der Menschen auf das Fest untergehen zu lassen. In der deutschsprachigen Version der Pressemitteilung findet sich kein einziges Wort zu den großen Differenzen zwischen den Deutschen und den anderen Nationen. Wer sie finden wollte, musste schon tief in der Studie graben. Und so standen die Ergebnisse an Weihnachten zwar auf Seite 1 der Süddeutschen Zeitung, kamen in vielen deutschen Medien aber gar nicht vor, oder nur als Meldung mit den nichtssagenden allgemeinen Daten der Pressemitteilung. Doch niemand sollte unterschätzen, was solche Studien auslösen, selbst wenn sie nur einen Teil der Öffentlichkeit erreichen. Die Kernbotschaft, es geht unfair zu, erreicht auf dem einen oder anderen Weg viele. Sie fügt sich in eine Reihe anderer Ergebnisse mit der gleichen Botschaft. Sie erzeugt Zweifel, ob man sich wirklich für die Firma, den Staat oder die Gemeinschaft anstrengen soll. Sie verstärkt Wut, Abstiegsängste, Ohnmachtsgefühle. Sie schürt auch Aggressionen, die sich gegen Menschen richten, die sich von der Mehrheit unterscheiden.

Etwa Ausländer.

5. Die Republik der Habenichtse

Margret Meier steigt barfuß auf den Lederstuhl. Sie geht die Küchenschränke der Familie Felber von oben bis unten durch. Sind die Backmischungen noch gut? Und diese asiatischen Sachen, die sie selbst noch nie gekauft hat? Margret Meier hat die Schuhe ausgezogen, um ja keinen Abdruck auf dem Stuhl zu hinterlassen. Sie will keine der Familien verärgern, bei denen sie nebenbei putzt. Sie ist auf diese Putzjobs angewiesen, um auf die 1500 Euro zu kommen, die sie im Monat braucht. Die 59-Jährige ist auf diese Putzjobs angewiesen, obwohl sie hauptberuflich als Assistentin in einem Labor arbeitet. Sie verdient da 1100 Euro Mindestlohn, in Teilzeit. »Wenn du nicht vom Fach bist, kriegst du nur Teilzeit«, sagt sie. Also putzt sie zusätzlich, sooft es geht, schwarz, weshalb ihr richtiger Name verborgen bleibt. Mit den 1500 Euro reicht es in der Nähe von Frankfurt gerade so zum Leben, für Miete, Essen, Versicherungen. Für das, was das Leben lebenswert macht, reicht es nicht. »Ausgehen kannst du kaum«, sagt sie. Wenn sie zu einem Geburtstag eingeladen wird, fehlt das Geld für ein Geschenk. Zurücklegen kann sie nichts. Neulich fiel ihr gebrauchter Wagen durch den TÜV. Ohne Auto kommt sie nicht zu ihren vielen Jobs. Sie musste ihren Ex-Mann bitten, 700 Euro für einen neuen Gebrauchten, der vermutlich auch nicht lange hält.

Der Gegensatz zum wachsenden Reichtum in Deutschland ist, dass es vielen an vielem fehlt. Ungleichheit schadet, auch wenn niemand hungert. Jeder vierte Deutsche hat wie Margret Meier keinerlei Rücklagen. Fast jeder vierte kann nicht wenigstens mal eine Woche im Jahr in den Urlaub fahren. Jeder fünfte kann sich keine neuen Möbel kaufen, wenn die alten abgewetzt sind. Die Armut hat seit der Jahrtausendwende signifikant zugenommen. 2015 erreichte sie mit knapp 16 Prozent das höchste Niveau seit der Wiedervereinigung. Knapp 13 Millionen Deutsche sind »von Armut bedroht«, so der offizielle Begriff.[1]

Menschen wie Margret Meier, die gerade über die Runden kommen, zählen da gar nicht mit. Als arm gilt eine vierköpfige Familie erst, wenn ihr Einkommen unter 2000 Euro liegt, ein Single lebt mit 950 Euro unter der Armutsgrenze. Da liegt sie deutlich darüber.

Ein typischer politischer Reflex auf die finanzielle Knappheit vieler Menschen ist, den Betroffenen verantwortlich zu machen. Er wird sich schon selbst in diese Lage gebracht haben. Das Leben ist meist komplexer. Was einer verdient, hängt auch von Herkunft, Ort, Schicksalsschlägen und Geschlechterrollen ab.

Margret Meier absolvierte eine Ausbildung als technische Zeichnerin, die ihr einen Platz in der Mittelschicht verhieß. Sie arbeitete zehn Jahre in Vollzeit in einer Geologiefirma, bis sie Mitte 30 war. »Die Probleme fingen an, als die Kinder kamen und ich sagte, ich unterstütze meinen Mann, ich kümmere mich um sie.« Ihr Mann hatte eine Karriere in Aussicht. Und sie wusste damals ja nicht, dass gerade ihre Probleme anfingen. Sie wechselte zu einer anderen Firma, weil nur die Teilzeit anbot. Nach einer Weile trugen sie ihr die Leitung des Zeichenbüros an. Dann kam ungeplant der zweite Sohn, dann wurden die Schwiegereltern krank, dann wurde beim Sohn eine seltene Immunkrankheit festgestellt. Margret Meier gab die Leitung des Büros ab. Nach einer Weile wandelte sie ihre Stelle in eine Art freie Mitarbeit um, damit sie flexibel für Kinder und Schwiegereltern da sein konnte.

Als die Konjunktur schwächelte, flog die freie Mitarbeiterin als eine der Ersten raus, nach zehn Jahren in der Firma. Bald stellte sie fest, dass es mit einer neuen Stelle schwierig würde. »Durch die Teilzeit verliert man den Anschluss, die Möglichkeit, sich weiterzubilden«, sagt sie. Sie konnte ein wichtiges Computerprogramm nicht. Weg war der Mittelschichtverdienst.

Seit der Trennung von ihrem Mann mit 47 ist es knapp, erst recht, seit der Unterhalt für die Kinder auslief. Vor ein paar Monaten renkte sie sich die Schulter aus. »So was darf nicht passieren«, sagt sie. Dann kann sie nicht mehr nebenbei putzen gehen. Die Hauptjobs gehen bunt durcheinander, Sekretärin, Verkäuferin. Auch Tankstellenkassiererin. Da wechselten die Schichten von Tag zu Nacht, irgendwann konnte sie nicht mehr schlafen.

Ihr Ex-Mann verdient heute als Abteilungsleiter 5000 Euro, netto. Frauen, die wegen ihrer Kinder aussetzen oder in Teilzeit gehen, rutschen oft finanziell ab. Ungleichheit hat in Deutschland sehr oft ein weibliches Gesicht. Männer schanzen die Posten anderen Männern zu. Selbst wenn Frauen mit derselben Qualifikation dieselbe Tätigkeit erledigen wie ein Mann, werden sie schlechter bezahlt – um knapp zehn Prozent. Besonders oft stehen Frauen schlecht da, die sich um ihre Familien kümmern, alleinerziehend oder zur Förderung der Karriere ihres Mannes.

Margret Meier übermannt zuweilen die Angst vor der Zukunft. Das Putzen kommt ihr viel anstrengender vor als früher. Aber sie wird es noch lange machen müssen, denkt sie. Ihre Rente wird nicht weit reichen.

Margret Meier fehlt es an vielem, obwohl sie arbeitet. Etwa Firmen und Vermögende, die mit allen Tricks Steuern vermeiden. Die reichsten zehn Prozent in Deutschland besitzen mehr als 60 Prozent des gesamten Vermögens. Dagegen besitzt die Hälfte der Bevölkerung zwischen höchstens 17000 Euro und Schulden. Also zwischen fast nichts und weniger als nichts. Das Vermögen eines Durchschnittsdeutschen schrumpfte in der vergangenen Dekade sogar um 20000 Euro.[2] Die Ungleichheit zeigt, dass Geld im Überfluss vorhanden ist – und anders verteilt werden könnte, um Defizite der Mehrheit der Bevölkerung auszugleichen. Dabei geht es nicht nur um die zwölf Millionen offiziell Armen, es geht um viele Bürger. Jene, denen mehr Qualifikation eine höher bezahlte Arbeit verschaffen könnte. Jene, die beengt und schäbig wohnen. Jene, die unter einer Zwei-Klassen-Medizin leiden. Jene, die kein Geld für ein würdevolles Leben im Alter haben. Jene, die durch Schicksalsschläge, Krankheiten, Scheidungen oder das Kümmern um ihre Kinder oder Eltern mit so wenig dastehen wie Margret Meier.

Wenn der Staat den Reichtum anders verteilt, könnte er die Lebensverhältnisse vieler verbessern. Indem er sich, nur ein Beispiel, um die Wohnungsnot in den Städten kümmert. In deutschen Städten sind die Mieten in den vergangenen Jahren drastisch gestiegen – in Stuttgart um 25 Prozent, in München um 40 Prozent, in Berlin um 50 Prozent.[3] Gleichzeitig hat der Staat das Angebot an bezahlbaren Wohnungen spürbar reduziert, indem er sich einerseits aus dem sozialen Wohnungsbau zurückzog und andererseits staatliche und staatsnahe Institutionen wie die Bahn hunderttausende von Wohnungen verkauften. Rechnet man die hohen Lebenshaltungskosten ein, springt das Armutsrisiko in München von den offiziell berechneten 10 auf 18 Prozent der Einwohner, in Stuttgart und Berlin auf über 20 Prozent.[4]

Die 2015 eingeführte Mietpreisbremse kann nur der Anfang der Rückkehr zu einer sozialen Wohnungspolitik sein. Es galt mal als Faustregel, dass man nicht mehr als ein Drittel seines Nettoeinkommens für die Miete aufwenden soll. In Städten wie Hamburg und Berlin müssen Mieter schon längst fast die Hälfte ihres Lohns für ihre Behausung ausgeben.[5] Margret Meier zahlt im Ballungsraum Frankfurt 650 Euro für ein kleines Apartment. Ihre Mietkosten entsprechen mehr als 40 Prozent ihrer Einnahmen inklusive der Schwarzarbeit. Würde sie nur legal arbeiten, wären es mehr als 60 Prozent.

Wenn der Staat mehr Gleichheit schafft, stabilisiert er das Fundament einer Gesellschaft, argumentieren die britischen Epidemiologen Kate Pickett und Richard Wilkinson.[6] Ihre Thesen wurden zuweilen kritisiert, sie zeigen aber schlüssig, wie es in ungleichen Industriestaaten zu weniger Gemeinschaftssinn, mehr Kriminalität, Drogensüchtigen und Depressionen kommt.

Wenn er den Reichtum anders verteilt, könnte der Staat nicht nur die Lebensverhältnisse verändern. Er könnte auch mehr Bürgern Eigentum verschaffen. So befähigt der Staat mehr Menschen, ihr Schicksal in die Hand zu nehmen. Eigentum ermöglicht, in die eigene Bildung zu investieren, Kinder und Eltern zu unterstützen oder für ein möglichst angenehmes Alter vorzusorgen. In der Republik der Habenichtse, in der die untere Hälfte kaum etwas besitzt, bleibt diese Freiheit zu vielen versagt. Die untere

Hälfte ist verschuldet oder besitzt ein paar tausend bis knapp 20 000 Euro. Das ist zu wenig. Ungleichheit macht unfrei. Vor allem die untere Hälfte der Gesellschaft, die wie Margret Meier real weniger verdient als vor der Jahrtausendwende.

Der Jobberin Meier würde es schon helfen, wenn Sozialabgaben nicht schon ab dem ersten verdienten Euro abgezogen würden. Das würde viele Geringverdiener entlasten, die von ihrem Lohn wenig übrig behalten. Für Meier und andere würden ein paar hundert Euro einen ernsthaften Unterschied machen (Wie das zu erreichen ist, steht im Kapitel *Umsteuern*). Es wäre etwas mehr Geld für alles, was das Leben lebenswert macht. Nicht mehr die Peinlichkeit, zur Geburtstagsfeier kein Geschenk mitzubringen. Endlich die Möglichkeit, etwas Geld anzusparen. Margret Meier hat ihre Ersparnisse von etwas mehr als 10 000 Euro verloren, als sie ihrer Jobberexistenz zu entfliehen versuchte. Sie eröffnete mit einem Bekannten, der mehr Kapital hatte, einen Laden für Sportartikel. Das Geschäft lief schleppend an. Die Freundin des Bekannten stellte ihre Rolle infrage. Geld konnte sie keines nachschießen. Ihr blieb nur der Abschied.

Wer sind jene, denen die Ungleichheit besonders viele Lebenschancen nimmt? Die besonders profitieren, wenn der Staat die Schieflage zwischen Habenden und Habenichtsen reduziert? Bestimmte gesellschaftliche Gruppen haben häufig zu wenig. Kinderreiche zum Beispiel, die das bröckelnde Rentensystem einer rapide alternden Gesellschaft eigentlich mit Gold aufwiegen müsste. Familien mit drei und mehr Kindern haben ein Risiko von fast 25 Prozent, unter die Grenze von 60 Prozent des mittleren Einkommens zu rutschen, ab der sie offiziell von Armut bedroht sind.[7] Ostdeutsche sind zu mehr als 20 Prozent bedroht. Migranten haben ein Risiko von 28 Prozent, doppelt so hoch wie der durchschnittliche Bürger. Und zusätzlich erlebt eine Gruppe schwierige Zeiten, bei der nicht unbedingt damit zu rechnen war: junge Menschen ab 25, die sich in der Phase des Berufseinstiegs befinden.

Die Phase nach der Ausbildung ist normalerweise eine Zeit des Aufbruchs, des Tatendrangs, des Selbstbewusstseins. Und die Gesellschaft erwartet von den jungen Menschen ja auch jede Menge: Sie sollen Stützen der Wirtschaft werden, Familien gründen und die Renten einer zunehmenden Zahl von Senioren finanzieren. Auf dieser Erwartung ist das System aufgebaut. Eine massive Verweigerung würde es einstürzen lassen, mit unabsehbaren Folgen für alle Bürger. Aber honoriert werden diese Erwartungen nicht. Selbst bei harter Arbeit reicht es zuweilen nicht weit. Überdurchschnittlich viele Deutsche zwischen 25 und 35 haben weniger als 950 Euro im Monat zur Verfügung, sind also von Armut bedroht. Und bei den Singles unter ihnen hat sich das Armutsrisiko seit Anbruch des Jahrtausends sogar von 27 auf 40 Prozent erhöht. Ein erschreckender Anstieg.

Es verwundert ja nicht, dass während des Studiums wenig Geld da ist. Aber 86 Prozent in dieser Altersgruppe arbeiten in irgendeiner Form. Und zunehmend wird am Anfang des Berufslebens wenig bezahlt. Aushilfs-, Teilzeit- oder Ministellen haben sich überall ausgebreitet. Mancher hangelt sich von Praktikum zu Praktikum. Manchem bietet die Firma nur eine Teilzeitstelle, obwohl er mehr arbeiten will. Manchem zahlt sie zwar den Mindestlohn, streicht dafür aber so viele Zusatzleistungen, dass er am Ende weniger hat. Aus Arbeitsplätzen wurden Jobs. »Viele jüngere Deutsche müssen erleben, dass sie anders als vor zehn oder 20 Jahren nicht angemessen entlohnt werden«, sagt Markus Grabka vom DIW-Institut.[8] Ein Armutsrisiko von 40 Prozent für Singles bis 35? Das ist fast jeder zweite. Man fragt sich, in was für einem Land diese jungen Menschen leben.

Eng ist es auch bei Deutschen, meist Frauen, die ihre Kinder alleine großziehen. Sind es mindestens zwei Kinder, steigt das Armutsrisiko auf 40 Prozent. Sophie Schartner zieht drei Kinder alleine groß. Beim Treffen in einem Münchner Café hat sie an diesem Tag schon neun Stunden in einem anderen Café bedient. Ihr Sohn quengelt nach einer zweiten Limo. »Geh doch erst einmal rein und frag, wie viel die kostet«, sagt sie und streicht ihm über den Kopf. Die 40-Jährige und ihre Kinder gehören streng genommen zwei Risikogruppen auf einmal an. Selbst wenn die Mutter nicht alleine erzieht, sind Familien mit drei Kindern ohnehin häufiger armutsgefährdet. Dazu kommt, dass die Münchnerin die Familie mit Teilzeitjobs in der Servicebranche ernährt, die typischerweise schlecht entlohnt werden. Wenigstens zahlt ihr Ex-Mann Unterhalt, was viele deutsche Männer nicht tun, so dass sie und ihre Kinder von 1000 Euro plus Kindergeld und Unterhalt leben.[9]

Mehrfache Risikogruppe? Sophie Schartner, Blume im Haar, würde vermutlich lachen, wenn man ihr mit solchen Begriffen käme. Sie lacht ohnehin viel. Statt zu jammern, arrangiert sie sich mit den Umständen. Neue Kleidung hat sie seit Jahren nicht gekauft, sie verlässt sich auf Kleidertauschpartys, die für andere ein Spaß sind. Weil es für ein Auto nicht reicht, transportiert sie alles mit einem Lastenanhänger am Fahrrad. Für den Urlaub auf dem Campingplatz in Italien reichte es nur, weil die Freundin die

Hälfte der Kosten übernahm, obwohl sie nur ein Kind hat statt drei.

Schartner sieht ihr Leben als Folge von Entscheidungen, die sie eben getroffen hat. Sie gab ihre gut bezahlte Stelle als Grafikdesignerin auf, weil sie Zeit für ihre Kinder haben wollte, statt sich wie andere Grafiker Nächte um die Ohren zu schlagen. Sie trennte sich von ihrem Mann, weil der sich nach ihrer Meinung zu wenig um die Kinder kümmerte. Sie würde ihre Entscheidungen wieder so treffen. Trotzdem gibt es die Momente, an denen sie denkt: Ich kann nicht mehr.

Da ist sie früh morgens aufgestanden für die Arbeit im Café, hat nachmittags die Kinder abgeholt und die Hausaufgaben kontrolliert, und dann möchte jedes Kind seine eigene Aufmerksamkeit, obwohl sie doch das Abendessen vorbereiten muss. Zwischendurch denkt sie an den Kontoauszug der Bank, den sie vorhin ausgedruckt hat. Jede unerwartete Ausgabe kann ihren knapp kalkulierten Alltag zum Einsturz bringen: Die Waschmaschine darf nicht kaputtgehen, die Zähne erst recht nicht. Sie hat keine Ersparnisse, mit denen sie viel ausgleichen könnte.

Sophie Schartner hätte es leichter, wenn es in Deutschland mehr wert wäre, mit Menschen zu arbeiten. Sie bringt ihre freundliche Art in ihre Jobs mit, ins Café, ins Fitnessstudio. Hört den Kunden zu, muntert sie auf, tröstet auch mal. Das freut die Kunden, aber auf die Bezahlung wirkt es sich nicht aus. Diese Erfahrung machen viele, die mit Menschen arbeiten, Kindergärtnerinnen, Krankenschwestern, Sozialpädagogen. Gut bezahlt wird nur, wer mit Maschinen und Zahlen arbeitet. »Arbeit am Menschen gilt nicht viel«, sagt sie.

Deshalb drohte ihr Leben auseinanderzufallen, als ihr

mehrmals stark die Miete erhöht wurde. Sie lebt in einer Siedlung, deren Grundstücke die Stadt günstig an die Bauherren gegeben hat, um mieterfreundliche Mieten zu sichern. Doch was genau mieterfreundlich ist, darüber streitet einer der Bauherren mit den Mietern vor Gericht. Sophie Schartners Familienkonstruktion war bedroht. So günstig findet sie in der Stadt keine Wohnung mehr. Und wenn sie die Siedlung verlassen muss, fällt ihr fragiles Gefüge auseinander. Wenn sie arbeiten geht, können ihre Kinder überall auf dem Siedlungsgelände spielen, ohne dass etwas passiert, oder sie kommen bei Bekannten unter. Ein Jahr lang fragte sie immer wieder bei einem der anderen Bauherren auf dem Gelände nach, ob der eine Wohnung für sie hätte. Ein Jahr Bangen. Jetzt klappte es. Sophie Schartner fühlt sich sicher. Erst mal.

Kinderreiche Familien, Berufsanfänger, Arbeitnehmer mit ungünstigen Lebensläufen, Alleinerziehende: Wenn der Staat die Ungleichheit reduziert, kann er alle mehr unterstützen. Natürlich nicht einfach so. Wer nicht arbeiten will, obwohl er es kann, darf keine Unterstützung erwarten. Jobberater der Arbeitsagenturen sagen, dabei handelt es sich um eine Minderheit von vielleicht zehn Prozent.[10] Wer dagegen nicht arbeiten kann, obwohl er es will, sollte Hilfe bekommen, etwa bei der Betreuung der Kinder. Und wer arbeitet, sollte davon anständig leben können.

Was genau »anständig leben« bedeutet, darüber sollte die Gesellschaft wieder zu diskutieren beginnen. Eine Wohnung mit genug Zimmern, aber ohne Schimmel? Geld für Freizeit und Urlaub? Sparen für Bildung, besondere Lebenslagen und das Alter? Diese Debatte muss wieder beginnen, damit aus einem gespaltenen Land wieder eine faire Gesellschaft wird.

Stattdessen wird in der Bundesrepublik gern diskutiert, ob die ganze Aufregung um Ungleichheit und Armut sein muss. Unter Beschuss steht etwa das offizielle Konzept, wonach jemand als armutsbedroht gilt, wenn er weniger als 60 Prozent des mittleren Einkommens hat. Das ist, wie alle Festlegungen, natürlich ein Konstrukt. Das mittlere Einkommen ist der Wert, bei dem genau die Hälfte der Haushalte mehr und die Hälfte weniger verdient. Verwendet man stattdessen 60 Prozent des *Durchschnitts*einkommens, gibt es auf einmal mehr Arme. Die Bundesregierung verwendete schon in ihrem zweiten Armutsbericht Mitte der Nullerjahre lieber nur das mittlere Einkommen.[11]

Die Konservativen kritisieren aber etwas ganz anderes. Misst man Armut als relativen Anteil am mittleren Einkommen, bedeutet das: Wenn sich theoretisch alle Einkommen verdoppeln, bleiben die Armen arm – obwohl sie ja jetzt viel mehr haben. Ein Einwand, der zunächst berechtigt erscheint. Nur ist die Verdopplung der Einkommen eine Fiktion. Außerdem zeigt sich, dass die Armut in Deutschland auch dann hoch bleibt, wenn andere Armutsbegriffe verwandt werden. Die europäische Sozialberichterstattung etwa richtet sich nach dem materiellen Mangel. Unter Berücksichtigung des materiellen Mangels ist der arm, dem es an mindestens einem Drittel der notwendigen Alltagsdinge fehlt. Wenn zum Beispiel die Wohnung in schlechtem Zustand ist, jemand keinen Fernseher hat und nicht wenigstens alle zwei Tage eine warme Mahlzeit. Zieht man diese Definition heran, sind ebenfalls 15 Prozent der Haushalte arm.

Ein paar Wochen nach unserem ersten Gespräch hat Margret Meier ihre Stelle im Labor verloren. »Ich war geschockt«, erzählt sie. »Keiner hatte mit mir geredet. Ich hatte nicht den Eindruck, dass ich die Obernull bin.« Jetzt, sagt sie seufzend, geht die ganze Stellensuche wieder von vorn los. Je älter man wird, desto schwieriger wird es. Sie fährt immer persönlich zu jeder Firma, damit sie jemand sieht. Damit die Bewerbung nicht sofort im Papierkorb landet, weil sie 59 ist.

Wie geht's weiter? »Ich hab keine Ahnung.« Sie blickt nach unten, auf den Tisch. Schweigt lange. Ihr Apartment kann sie sich nicht mehr leisten. Zum Glück ist sie vor ein paar Wochen zu ihrem neuen Freund gezogen, das reduziert die Miete.

»Ich könnte mich auch den ganzen Tag hinsetzen und heulen. Ich bin nicht abgesichert«, sagt sie. »Aber dann denke ich: ›Lass dich nicht verrückt machen. Bisher hat es für alles eine Lösung gegeben.‹« Wenig später hat sie eine neue Stelle in Aussicht, natürlich nur in Teilzeit. Irgendwie wird es weitergehen, hofft sie. Die Frage bleibt, ob so eine prekäre Existenz in einem reichen Land sein muss. Ob so viele Frauen in Deutschland die Last der Ungleichheit verdienen.

6.
Ungleichheit fördert die Wirtschaft? Über den Tod eines neoliberalen Mantras

The Great Gatsby von F. Scott Fitzgerald ist ein Werk von tiefer Ambivalenz. Der Roman spielt auf glänzenden Oberflächen, die sich die Hauptfigur Jay Gatsby während seines Aufstiegs zum vielfachen Millionär leistet. Die Oberflächen leuchten während der ausschweifenden Partys in seiner Villa, die den Luxus und die Stimmung der rauschenden zwanziger Jahre versinnbildlichen. Dabei sind die zwanziger Jahre als Zwischenhoch zwischen den Verheerungen der beiden Weltkriege selbst ambivalent. Das Gleiche gilt für Fitzgeralds Verhältnis zum Luxus, der ihn anzog und gleichzeitig abstieß. Partybaron Gatsby, wie der Autor lebenslang in einer schwierigen Liebe gefangen, endet trotz allen Prunks unglücklich. Und natürlich wirkt der Aufstieg des gelernten Alkoholschmugglers Gatsby mehrdeutig: Keinen seiner Gäste kümmern die trüben Quellen seines Reichtums, solange der Champagner in den Gläsern perlte: eine Bestätigung der These, wonach Reichtum rasch gesellschaftliche Akzeptanz erlangt, egal wie er erworben wurde.

Wer aber nur die glänzenden Oberflächen sieht, sieht immer eine Erfolgsgeschichte. Jay Gatsby steigt aus der Obskurität zum gefeierten Millionär auf. Jeder kann es schaffen, wenn er sich nur anstrengt. »*The Great Gatsby* steht für den amerikanischen Mythos eines Aufstiegs vom Tellerwäscher zum Millionär«, analysiert IAB-Direktor Joachim Möller.[1]

Viele Wirtschaftsfunktionäre und Ökonomen betonen gern, wie sehr eine Marktwirtschaft der Gegensätze bedarf. Wer wenig verdient, wird durch Vorbilder wie Gatsby befeuert – und steigert dadurch das Wirtschaftsprodukt. Wer in einer Villa wohnt, darf nicht durch hohe Steuern belastet werden, das mindert die Leistungsbereitschaft aller. In dieser Sicht ist Ungleichheit kein Problem, sondern ein Anreiz. Wer ehrlich mit sich umgeht, wird zugeben, dass diese Sicht einen wahren Kern hat: Wer strengt sich in seinem Beruf an, wenn der faule Kollege sicher sein kann, genauso viel zu verdienen?

Viele Wirtschaftsfunktionäre und Ökonomen gehen aber zu weit, weil sie Ungleichheit gleich zum Mantra erfolgreicher Marktwirtschaften erheben. Sie sehen nur die glänzenden Oberflächen, nicht die Ambivalenz der Ungleichheit. Sie konzentrieren sich auf Ungleichheit als Anreiz und vernachlässigen, wie sehr zu große Ungleichheit zum Problem wird. Arthur Okuns Buch *Effizienz und Gleichheit. Der große Zielkonflikt* von 1975 hat eine ganze Generation von Ökonomen geprägt, konstatiert Joachim Möller. Nun ist es Zeit für weniger Oberflächlichkeit. »Zu viel Ungleichheit schadet«, postuliert Möller.

Zahlreiche neuere Untersuchungen legen nahe, wie mehrdeutig Ungleichheit gesehen werden muss. Der US-Ökonom Alan Krueger zieht dazu die zweifelhafte Erfolgsgeschichte von F. Scott Fitzgeralds Helden heran: Er wies mit der »Great-Gatsby-Kurve« nach, dass Länder mit hoher Ungleichheit besonders wenig Aufstieg von unten nach oben zulassen – anders als es der Aufstieg des großen Gatsby suggeriert. »Der Tellerwäscher-Mythos ist in den USA und anderen Ländern heute mehr denn je von der Lebenswirklichkeit entfernt«, sagt Joachim Möller. »Ungleichheit wird immer weitervererbt. Ungleiche Gesellschaften haben eine starke Vererbung von Wohlstand und Armut.« Kinder von Reichen haben gute Chancen, selbst reich zu werden, während Kinder Armer vermutlich arm bleiben. »Wenn aber nicht individuelle Potenziale, sondern die Herkunft zählt, dann bedeutet dies nichts anderes als eine Verschwendung von Talenten und Fähigkeiten, die letztlich das ökonomische Potenzial eines Landes verringern.« Das bedeutet: Zu große Ungleichheit schadet dem Wachstum genauso, wie es völlige Gleichmacherei tut, bei der ein fauler Kollege genauso viel verdient wie ein fleißiger.

Die zu große Ungleichheit seit Beginn der 90er Jahre hat die Industriestaaten mehr als fünf Prozent Wachstum gekostet, konstatiert die OECD.[2] Auf Deutschland hochgerechnet, bedeutet das eine Einbuße von mehr als 120 Milliarden Euro.

Wie entstehen diese negativen Effekte? Zum Beispiel dadurch, dass die weniger verdienende Hälfte der Bevölkerung wegen schrumpfender Einkommen nicht in Bildung investiert. Ärmere kostet es zu viel, ihre Kinder auf eine weiterführende Schule zu schicken. Selbst wenn diese kostenlos ist. Sie müssen ja ihren Unterhalt bezahlen, während die Kinder für sich selbst aufkommen, sobald sie eine Lehre beginnen. Für einen Unibesuch gilt diese Kalkulation erst recht. Es ist der Pirmasens-Effekt: Lieber gleich in der Schuhfabrik anfangen, statt lange in Ausbildung zu gehen. Und wenn der Aufstieg in eine höhere Schicht nur schwer gelingt, wie es in Deutschland der Fall ist, erkennt mancher den Sinn der Bildungs-Anstrengungen nicht, selbst wenn er sie sich leisten kann.

Die Schäden sind signifikant.

Nimmt die Ungleichheit in einer Gesellschaft deutlich zu, schrumpft in der geringer verdienenden Hälfte die Zahl der Uni-Absolventen, die Ausbildungszeit sinkt um ein halbes Jahr und die Noten benachteiligter Kinder werden schlechter. Weniger Qualifikation aber bedeutet weniger Bruttoinlandsprodukt – menschliches Potenzial wird verschwendet. Gleichheit und Wachstum müssen kein Zielkonflikt sein, erklärt OECD-Generalsekretär Ángel Gurría: »Im Gegenteil: Chancen zu eröffnen kann die wirtschaftliche Entwicklung und den Lebensstandard verbessern.« Weil aber die Ungleichheit in Deutschland hoch bleibt, fällt die Wirtschaftsleistung weit niedriger aus als nötig – und es gibt weniger an alle Bürger zu verteilen.

Der Internationale Währungsfonds IWF hebt vor allem darauf ab, dass die Ungleichheit die wirtschaftliche Nachfrage dämpft. Die weniger verdienende Hälfte hat zu wenig Geld, um es auszugeben. Die Reichen verdienen so viel, dass sie einen großen Teil sparen, also auch nicht ausgeben. Beides schwächt den Konsum. Die Unternehmen produzieren weniger. Das Wachstum fällt schwächer aus. »Aus der jüngeren IWF-Forschung wissen wir, dass weniger Ungleichheit mit größerer makroökonomischer Stabilität und nachhaltigerem Wachstum einhergeht«, erklärte Generaldirektorin Christine Lagarde schon 2012.[3] Auch der US-Ökonom Robert Gordon, der als einer der ersten die Wachstumsschwäche des Westens zum großen Thema machte, warnt vor den Schäden der Ungleichheit.

Betrachtet man die Entwicklung der Industriestaaten über einen größeren Zeitraum, wird klar, dass der Einfluss der

Ungleichheit bisher womöglich unterschätzt wird. Sowohl in den Vereinigten Staaten wie auch in Europa finden sich spätestens seit den Nullerjahren problematische Wirtschaftsstrategien, die auch durch stagnierende Löhne zu erklären sind. Staaten wie die USA erlebten zwar starkes Wachstum dank starken Konsums. Doch der wurde – auch wegen stagnierender Löhne – vorrangig über Kredite finanziert, die wegen künstlich niedriger Zinsen billig zu haben waren. In der Finanzkrise brach dieses Modell krachend zusammen und hinterließ viele Menschen mit Schuldenbergen, die sie kaum abtragen konnten.

In Staaten wie Deutschland dagegen fehlte es wegen der stagnierenden Löhne an Nachfrage. Der Konsum nahm in den Nullerjahren nur halb so stark zu wie die Wirtschaftsleistung. Die Bundesrepublik war mehr und mehr von Exporten – und damit von der Verschuldung anderer – abhängig. Die Exporte sind gefährdet, sobald zum Beispiel in Abnehmerländern ein Schuldenmodell zusammenbricht. Außerdem steht Deutschland bei dieser Strategie stets unter Druck, sich die nötigen Exporte mit Zurückhaltung bei den Lohnkosten zu erkaufen. Bitter für die Arbeitnehmer des Exportweltmeisters.

Die deutsche Strategie befeuert aber auch eines der Kernprobleme der Eurokrise: Südeuropa hat es angesichts konkurrenzlos guter *und* günstiger deutscher Produkte schwer, selbst mit eigenen Waren aus dem Tal der Tränen zu kommen.

Stabiler und im selben Moment weniger ungleich wäre eine deutsche Volkswirtschaft, die sich weniger auf Exporte stützt. Das wäre eine Volkswirtschaft, in der Arbeitnehmer mehr verdienen und mehr konsumieren. In der Unternehmen und der Staat mehr im Land investieren und damit höhere Löhne ermöglichen. Doch Deutschland produziert nach wie vor unverhältnismäßig hohe Exportüberschüsse.

Die amerikanische und die deutsche Strategie ähneln sich darin, dass stagnierende Löhne eine Rolle spielen, die schädlich sind. Von einer Stärkung der Löhne würden die Arbeitnehmer und die jeweilige Volkswirtschaft profitieren. Und es gibt noch einen Grund, der für eine Reform der gängigen Lohnpolitik spricht: Die bisherigen Strategien waren mitverantwortlich für die Finanz- und die Eurokrise, resümiert eine Studie der Friedrich-Ebert-Stiftung: »Insgesamt spricht vieles dafür, dass durch steigende Ungleichheit die makroökonomische Stabilität gefährdet wird, weil eine stabile Konsum- und Binnennachfrage ohne entsprechende Einkommensentwicklung in der Mittelschicht nicht zu gewährleisten ist. Für eine nachhaltige Erholung der Weltwirtschaft nach der Krise erscheint die Wiederherstellung einer gleichmäßigeren Einkommensverteilung in vielen Ländern als unabdingbar.«[4]

Konservative Ökonomen wiegeln ab. Die Ungleichheit sei in Deutschland im Vergleich zu den USA ungefährlich und vergleichsweise niedrig. »Für Industrienationen wie Deutschland ist der Zusammenhang zwischen Ungleichheit und Wachstum eher positiv, weil Ungleichheit die Anreize für Unternehmertum und Innovationen steigert«, erklärt etwa das Institut der Deutschen Wirtschaft. Daraus spricht eine Haltung, die nur die glänzende Oberfläche sieht. Die amerikanische Großbank Morgan Stanley dagegen warnt, zu große Unterschiede zwischen den Schichten könnten »die soziale und wirtschaftliche Substanz eines Landes zersetzen«. In Deutschland ist demnach nicht nur die Auseinanderentwicklung der Einkünfte heikel. Sondern auch die Verschuldung von Privatleuten, Lohndifferenzen zwischen Männern und Frauen und die Abhängigkeit der Bildung von der Herkunft. Die Bundesrepublik landet im Ungleichheits-Ranking des Geldhauses unter 20 Industrienationen auf Platz 15 – genau einen Platz vor den USA.

Das Kieler Institut für Weltwirtschaft hat untersucht, ob sich ein möglichst gleichmäßiger Lebensstandard erreichen lässt, ohne das Wachstum zu hemmen und das Sozialsystem zu sehr zu verteuern. Das Ergebnis: Die Schweden schaffen es in Europa am besten, solides Wachstum und eine hohe Zahl von Arbeitsplätzen mit gerechter Verteilung der Einkommen zu verbinden. Das gelingt, weil der Staat Arbeitslosen schnell zu neuen Jobs verhilft und Frauen genauso das Arbeiten ermöglicht wie Männern – und weil die Bürger bereit sind, ein sehr leistungsfähiges Sozialsystem zu finanzieren. Dieser Mix wird mit dem zweithöchsten Wirtschaftswachstum in Europa belohnt, so die Autoren: »Die traditionelle Annahme, Verteilungsgerechtigkeit und Wirtschaftswachstum schlössen einander aus, ist damit nicht mehr haltbar.«[5]

»In Deutschland ist die Ungleichheit zu groß«, konstatiert IAB-Direktor Joachim Möller. »Meine These wäre: Gesellschaften funktionieren auch mit niedrigerer Ungleichheit gut.«

Mit der Great-Gatsby-Kurve hat Alan Krueger die Mehrdeutigkeit der Ungleichheit in der ökonomischen Debatte verankert. Ungleichheit ist nicht nur ein Anreiz für Leistung und Wachstum – zu viel Ungleichheit schadet dem Wachstum. Es ist gerechter *und* gut für das Wachstum, gegen zu große Ungleichheit vorzugehen. Als Mantra für den Erfolg einer Marktwirtschaft taugt sie auf keinen Fall.

Mit seinem Bezug auf F. Scott Fitzgeralds Roman hat Krueger das richtige Vorbild gewählt, um diese Ambivalenz in allen Farben schillern zu lassen. *The Great Gatsby* spielt auf glänzenden Oberflächen und sieht den Helden trotzdem unglücklich sterben. Gatsbys Aufstieg wird gefeiert, obwohl er mit dubiosen Mitteln erreicht wurde. Schlussendlich begann sogar der Abstieg Scott Fitzgeralds mit dem Roman über die Widersprüche einer Gesellschaft, die auf Ungleichheit setzt. Der literarische Star von einst starb, halb vergessen, mit gerade mal 44 Jahren.

7.
Warum Ärzte keine Krankenschwestern mehr heiraten

Jahrhundertelang entschieden die Deutschen nicht darüber, mit wem sie ihr Leben verbrachten. Andere, häufig die Eltern, bestimmten den Ehepartner. Die Auswahl gab ein enges Korsett vor: Heiraten konnte der junge Mensch in der Regel nur jemanden aus dem eigenen Stand. Und der war nach oben und unten peinlich genau definiert. Erst das 20. Jahrhundert brachte eine Revolution der Selbstbestimmung. Auf einmal war die romantische Liebe gesellschaftlich erlaubt. Die Wahl durfte auch auf jemanden aus einer ganz anderen Schicht fallen. Ärzte heirateten Krankenschwestern, Lehrerinnen heirateten (seltener) Arbeiter. Eine Freiheit, die sich heute kaum nachfühlen lässt, weil sie selbstverständlich geworden ist. Sobald jeder selber wählen konnte, wählten die Deutschen unterschiedlicher als vorher. Und dadurch mischten sich die Schichten. Die neu gewonnene Freiheit reduzierte im Vergleich zu den Heiratsklassengesellschaften früherer Jahrhunderte die finanziellen Unterschiede. Jetzt lebten eben auch mal ein Fabrikant und eine Sekretärin zusammen oder eine Lehrerin und ein Arbeiter. Und schon klafften die Einkommen weniger auseinander als vorher, als Adlige, Gutsbesitzer und Richter genauso unter sich blieben wie Arbeiter, Bauern und Mägde.

In den vergangenen 30, 40 Jahren hat sich wieder etwas verändert. »Vereinfacht gesagt: Früher hat auch mal ein Arzt eine Krankenschwester geheiratet. Heute heiratet der Arzt eine Ärztin. Die Schichten bleiben stärker unter sich. So beeinflusst auch das Heiratsverhalten die Ungleichheit«, bemerkt der Verteilungsforscher Markus Grabka.[1] Es gibt einen starken Trend zur Heirat innerhalb der eigenen Schicht, ermittelt der Bamberger Soziologe Hans-Peter Blossfeld. Dieser Trend schließt die sozialen Kreise wieder, die sich mit dem 20. Jahrhundert geöffnet hatten. Vor dem neuerlichen Umbruch heiratete etwa die Hälfte der Männer eine Frau mit niedrigerem Abschluss. Und die Hälfte der Frauen einen Mann mit höherem Abschluss. Heute wählen 80 Prozent der Deutschen einen Partner, der über einen ähnlichen Beruf oder Bildungsgrad verfügt.[2] Und das erhöht die Ungleichheit in Deutschland noch weiter. Forscher nennen den Ähnlichkeitstrend beim Heiraten Homogamie. Das klingt wie eine ansteckende Krankheit, es soll die Entwicklung in wissenschaftlichem Schwurbelsound eindeutig klassifizieren. Auch Pfarrer Becker in Pirmasens registriert, wie sich die Milieus trennen. Die 50er und 60er Jahre waren relativ egalitär, sagt er. Da wurde nicht nur in der eigenen Schicht geheiratet. »Früher konnte die Krankenschwester aufsteigen, indem sie einen Arzt heiratete. Jetzt nicht mehr. Jeder schaut, dass er in seinem Milieu bleibt.«

Die neuen Spielregeln der Partnerwahl ähneln verblüffend den alten aus der Zeit vor dem 20. Jahrhundert: Geheiratet wird im eigenen Stand. Nur diesmal freiwillig. Das mag auch daran liegen, dass die Deutschen inzwischen später heiraten als früher. Und mit zunehmendem Alter wird es weniger wahrscheinlich, eine Jugendliebe zu heiraten, ohne über deren finanziellen Status nachzudenken, der mangels Beruf vielleicht ja auch noch unklar ist. Die Menschen haben mehr Zeit, sich diese Gedanken zu machen und nach jemandem aus einer vergleichbaren Schicht zu suchen.

Was auf jeden Fall zum Ähnlichkeitstrend beiträgt, sind die neuen Freiheiten für Frauen. Frauen, die 1920 geboren wurden, lernten in der Mehrheit keinerlei Beruf. Wer sozial und finanziell aufsteigen wollte, musste in eine höhere Schicht heiraten. Durch eigene Arbeit war sozialer und wirtschaftlicher Aufstieg nicht möglich. Heute stellen Frauen die meisten Studienanfänger. Sie finden leicht einen Partner mit einem ähnlichen Beruf. Sie können wählen, wen sie wollen, ohne über Aufstieg nachdenken zu müssen.

Früher waren junge Männer im heiratstypischen Alter an den Hochschulen stark unter sich und suchten ihre Partnerin woanders. Heute laufen ihnen potenzielle Partnerinnen statt im Tanzsaal im Lehrsaal über den Weg – und umgekehrt. Die humboldtsche Universität wird zum Heiratsmarkt. Eine dänische Studie legt nahe, dass sogar der Weg zur Hochschule durch die Partnersuche motiviert sein könnte: Die Hälfte des Mehreinkommens, das ein Unibesuch bringt, resultiert aus der Heirat mit einem gut verdienenden Partner, den man dort findet.[3]

Ähnlich der Arbeitsplatz: Weil deutlich mehr Frauen arbeiten, können Frau und Mann im Beruf leichter auf einen Partner stoßen als früher, als sie auf den Bekanntenkreis, Partys oder Discos angewiesen waren.

Moderne Technologie wie Partner-Websites erlauben jedem, sich jemanden mit ähnlichem sozialen Hintergrund oder Einkommen zu suchen. Die Dating-Börsen, in die sich täglich drei Millionen Deutsche einloggen, zielen genau darauf ab: Dem Interessenten jemanden aus seiner Schicht zu vermitteln. Früher in einem Krankenhaus auf dem Land war die Auswahl für Krankenschwester und Arzt deutlich kleiner als heute mit Dating-Website. Deshalb heirateten eben häufiger Krankenschwester und Arzt, erklärt der Münchner Psychologe Wolfgang Schmidbauer. »Heute scannt der Arzt im Turbodating drei Ärztinnen und eine Krankenschwester und nimmt dann eine Ärztin.«

Warum die Deutschen stärker als früher ähnliche Partner suchen, erschließt sich durch die steigende Zahl von Frauen in Hochschulen und Unternehmen noch nicht vollständig. Klar ist oft der Rat zu hören, sich einen ähnlichen Partner zu wählen. Aber es gibt genauso die Ansicht, Gegensätze zögen sich an. Der Paartherapeut Schmidbauer erklärt den Trend zur Ähnlichkeit deshalb durch weitere Ursachen: »Wir leben in unsicheren Zeiten.« Der Arbeitsplatz geht schneller verloren, der berufslebenslange Aufenthalt bei einer Firma kommt seltener vor. »Da sucht man nach einem Partner, der einem ähnlich ist. Das bietet mehr Geborgenheit.«[4]

Emanzipation, Dating-Websites und materielle Unsicherheit, es gibt mehrere Gründe für die neuen alten Heiratsmuster. So vielfach die Ursachen sind, so eindeutig wirken sie sich finanziell aus. Denn nun leben einerseits gutverdienende Ärzte zusammen und andererseits wenig verdienende Pfleger, sagt der Verteilungsforscher Grabka: »Die Gesellschaft spaltet sich beim Heiraten.« Durch Partnerschaften mit ähnlicher Ausbildung und Einkommen nimmt die Ungleichheit in erheblichem Maß zu, schreibt der Ökonom Christoph Schröder vom Institut der Deutschen Wirtschaft in einer Untersuchung. Es gibt deutlich häufiger als zuvor zwei Partner mit niedrigen Einkommen. Die Verbindung zweier Geringqualifizierter kommt 2,4-mal so häufig vor, wie es bei einer zufälligen Heiratswahl wäre, die Verbindung zweier Hochqualifizierter 1,8-mal so häufig.[5] Das Unter-sich-Bleiben lässt sich auch in anderen Industriestaaten beobachten. Dabei zeigt sich: Ehefrauen von Topverdienern arbeiten nicht nur häufiger als früher, sondern auch häufiger als Frauen von Mittel- und Wenigverdienern. Das verstärkt die Einkommensdifferenzen zusätzlich.[6]

In den traditionell besonders ungleichen USA errechnete der Ökonom Jeremy Greenwood etwas Erstaunliches. Greenwood simulierte, wie es wäre, wenn sich die Amerikaner nicht gezielt Partner mit ähnlicher Ausbildung und Profession suchten. Sondern wenn sie unabhängiger von solchen Kriterien heiraten würden, wie es in den 60er Jahren der Fall war. Das Ergebnis seiner Untersuchung legt einen starken Zusammenhang von Partnerwahl und gesellschaftlicher Ungleichheit nahe. Der Trend zur Wahl ähnlicher Partner hat die Ungleichheit massiv erhöht, gemeinsam mit häufigeren Scheidungen und einer stärkeren Berufstätigkeit von Frauen. Zusammen erklären diese Faktoren ein volles Drittel des Anstiegs der Ungleichheit von den 60er bis in die Nullerjahre. Das ist ein gigantischer Schritt weg von gleicheren Lebensverhältnissen. Die 60er Jahre waren auch die Zeit, als Vorstandschefs noch nicht das 300-fache ihrer Arbeiter verdienten wie heute.[7]

Das Problem mit dieser Erkenntnis: Ungleichheit, die durch selektives Heiraten entsteht, lässt sich kaum bekämpfen. Wer will die Menschen wieder unter das Joch zwingen, mit Partnern zu leben, die andere ausgesucht haben?

Ähnlich schwierig ist es, Konsequenzen aus dem zweiten Partnertrend zu ziehen, der die deutsche Gesellschaft finanziell auseinandertreibt: der steigenden Anzahl von Singles. In jedem dritten Haushalt lebt ein Single, jeder sechste Deutsche lebt allein.[8] Das hat finanzielle Folgen. »Eine Familie kann zum Beispiel fixe Kosten teilen«, erklärt Verteilungsforscher Grabka. »So benötigt man in einer Wohnung nur eine Küche und ein Bad. Singles dagegen geben pro Kopf mehr für Miete aus als eine Familie. Der Trend zu Einpersonenhaushalten lässt das Land ungleicher werden.«

Die Gründe für das Singletum sind vielfach. Zum einen haben Scheidungen zugenommen. Zum anderen binden sich die Menschen später. Und sie suchen länger nach der Illusion des perfekten Partners, die ihnen Werbung, Filme und Dating-Sites vermitteln.

Auffällig ist, bei welchen Gruppen die Singlequoten am höchsten sind: bei hoch qualifizierten Frauen und wenig qualifizierten Männern. Warum? Frauen stellen an den Unis die Mehrheit, gleichzeitig heiraten Männer auch mal Frauen mit niedrigerem Sozialstatus. Dadurch bleiben automatisch Frauen übrig, die keinen Mann mit dem gleichen Bildungsniveau finden können, also einen Mann mit niedrigerem Status wählen müssten. Aber damit tun sie sich schwer. Männer zögern nicht, eine Partnerin mit niedrigerem Sozialstatus zu wählen, viele fühlen sich in so einer Konstellation sogar überlegen. Frauen dagegen binden sich ungern an jemanden mit niedrigerem Status. »Natürlich gab es immer schon einige wenige Frauen, die sich in einen weniger gebildeten Mann verliebt haben«, sagt der Soziologieprofessor Blossfeld. »Aber für die meisten Frauen ist das undenkbar.« Sie wissen auch, warum: Weil sie eine multiple Belastung riskieren. »Unsere

Beobachtungen legen nahe: Je mehr Frauen die Ernährerrolle übernehmen und den Mann dabei überflügeln, desto mehr muss sich der Mann seiner Geschlechtsidentität versichern. Die aber würde er noch stärker gefährden, wenn er auch noch bügelte, kochte oder die Kinder wickelte. Im Extremfall heißt das: Sie verdient das Geld und macht den Haushalt, er ist arbeitslos und macht nichts.«[9]

Angesichts solcher Aussichten bleiben manche hoch qualifizierten Frauen lieber allein – eine Karriere ist ohne Kinder ohnehin leichter. Die Männer mit niedrigerem Sozialstatus bleiben mit alleine. Die finanziellen Folgen liegen auf der Hand. Allein schon zwischen diesen gut verdienenden weiblichen und schlecht verdienenden männlichen Singles reißt eine Kluft auf.

Der hohe Anteil der Singles erhöht aber auch insgesamt die Ungleichheit: Höhere und niedrige Einkommen fließen nicht in einer Familie zusammen, wodurch sie sich ausgleichen würden. Jeder hat nur, was er alleine verdient.

Gravierend wirkt sich das auch für die Singles aus, die allein mit Kindern leben. Das ist inzwischen jede fünfte Familie in Deutschland. Wer als Alleinerziehende keine passende Kinderbetreuung findet, steht schnell mit wenig Geld da. Jede vierte alleinerziehende Mutter lebt überwiegend von Hartz IV oder Arbeitslosengeld, aber nur jede zwanzigste Familie mit zwei Eltern. Der Anteil der Alleinerziehenden, die in irgendeiner Form auf Sozialleistungen angewiesen sind, liegt sogar bei 40 Prozent, obwohl viele aus dieser Gruppe arbeiten. Es gibt fünfmal so viele alleinerziehende Mütter wie Väter. Die finanziellen Folgen sind also – wie andere Facetten der Ungleichheit – vor allem ein Problem für Frauen.[10]

Bemerkenswert ist, dass die Ungleichheit durch ähnliche Partnerschaften und dem Trend zu Singles zu einem Prozess wird, der sich selbst verstärkt. Je stärker Deutsche beim Einkommen auseinanderliegen, desto mehr wächst die Differenz zu jenen, die weniger haben. Und damit wächst die Hürde, so jemanden zu heiraten, der einem ja nun viel unähnlicher ist als in Zeiten, als die Einkommen gleicher waren.

Noch schärfer wird das Bild, wenn man die Auswirkungen der Ungleichheit auf Kinder bedenkt. Familien unterscheiden sich finanziell und bildungsmäßig auch durch Ähnlichheiraten, Scheidungen und Alleinerziehende stärker als früher. Je mehr sie sich unterscheiden, desto größer werden die Unterschiede zwischen den Kindern – und den Umständen, in denen die Kinder aufwachsen. In den USA, die oft Trends für Europa vorausahnen lassen, wird das schon intensiv untersucht. Wohnviertel sind stärker nach Einkommen segregiert als früher. Ein Drittel der Eltern, die weniger als 2500 Dollar im Monat verdienen, halten ihr Wohnviertel für keinen guten Platz zum Aufwachsen ihrer Kinder – 92 Prozent der Besserverdiener dagegen schon. Die Hälfte der Wenigverdiener fürchtet, ihre Kinder könnten verprügelt, entführt oder erschossen werden.[11] Besserverdiener oder Akademiker haben es sich dagegen zum Sport gemacht, ihre Kinder mit viel Aufmerksamkeit, Musikstunden und Förderunterricht zu coachen. Der Aufwand, den Eltern treiben oder nicht treiben können oder wollen, erzeugt die Gewinner und die Verlierer von morgen.

Kinder lernen genau die Fähigkeiten, die nötig sind, um in ihrem sozialen Umfeld zu bestehen, sie eignen sich aber nicht notwendigerweise andere Fähigkeiten an. Sie lernen also vielleicht, sich auf der Straße zu behaupten oder mit Gewalt umzugehen, aber nicht, in der Schule zu reüssieren. Je stärker sich die sozialen Umfelder unterscheiden, desto weniger lernen sie womöglich Fähigkeiten, die außerhalb ihres Umfelds entscheidend sind.[12] Umfragen zeigen, dass die meisten Eltern unabhängig von ihrem Einkommen für ihre Kinder eine bessere Zukunft wollen. Doch häufiger als früher kommt etwas ganz anderes heraus, wie der Stanford-Professor Sean F. Reardon herausgefunden hat: Die Testergebnisse von Kindern gut und schlecht verdienender Eltern weichen in den USA zwischen 30 bis 40 Prozent stärker voneinander ab als in den 60er Jahren.[13]

8.
Die neue Bildungskatastrophe

Bildung ließ ihn ein Berufsleben lang nicht los, dabei hat Georg Picht als Kind gerade mal vier Jahre lang eine Schule besucht. Der Name Picht fällt heute noch öfter, wenn über Schulen und Hochschulen diskutiert wird, auch wenn sein berühmter Appell schon ein halbes Jahrhundert alt ist. Georg Picht, vier Jahre Schule, dann Privatunterricht, Studium der Altphilologie, Professor und Internatsgründer in Hinterzarten, warnte 1964 vor einer Bildungskatastrophe. Seine Thesen damals: Deutschland gibt zu wenig für Schulen und Hochschulen aus. Deutschland verfügt über zu wenig Akademiker. Deutschland hilft benachteiligten Kindern zu wenig.[1]

Das Wort von der Bildungskatastrophe verselbständigte sich mit enormer Wucht. Vielleicht auch, weil Picht wegen der Mängel bei der Qualifizierung gleich vorm »dritten Zusammenbruch der deutschen Geschichte« warnte. Gemeint war: nach den beiden Weltkriegen. Ein gewagter Vergleich, der wirkte. Studenten gingen auf die Straße. Die Deutschen diskutierten engagiert wie später nach dem PISA-Schock 2000, als sich ihre Schüler im internationalen Vergleich drastisch schlechtere Noten abholten. Pichts Weckruf hatte Konsequenzen. Seitdem fließt mehr Geld in die Unis. Insbesondere sollten mehr Arbeiterkinder studieren. Regierungen post Picht investierten explizit in die Bildung ihrer Bürger. So steht die Bundesrepublik heute international gar nicht so schlecht da, was die Ausgaben für diesen Bereich betrifft.

Und noch etwas: Seit Picht kann jeder Kreisvorsitzende in Hinterzarten aufsagen, wie wichtig Bildung für jeden und das ganze Land ist. Und er tut es wie alle Kreisvorsitzenden der Republik oft genug. Das Bildungscredo hat sich in einen Allgemeinplatz verwandelt, der die Bürger zu sehr ermüdet, als dass sie sich damit beschäftigen mögen. Das ist ein großer Mangel, denn das deutsche Bildungssystem funktioniert nicht, wie es sollte.

Für die Frage, wie viel Geld einer nach Hause bringt, spielt der Berufsabschluss eine zentrale Rolle. Wer ein Uni-Diplom hat, verdient im Durchschnitt 70 Prozent mehr als ein Realschüler, der eine Lehre macht. Jedes Jahr, das ein mittelalter Arbeitnehmer vor seinem Job länger mit seiner Bildung verbringt, zahlt sich für ihn aus: Mit einem zehn Prozent höheren Einkommen.[2] Das macht schnell den Unterschied zwischen einem mäßig bezahlten Job und einem Platz in der Mittelschicht.

Wenn sich der Verdienst so stark nach dem Abschluss richtet, ist natürlich entscheidend, wovon es abhängt, welchen Abschluss einer macht. Dabei zeigt sich 50 Jahre nach Picht ein dramatisches Gefälle: Mehr als drei Viertel aller Akademikerkinder studieren, aber nicht mal ein Viertel der Arbeiterkinder.[3] Und die Unterschiede beginnen schon früher, viel früher: Die Wahrscheinlichkeit, dass ein Akademikerkind das Gymnasium besucht, war schon in den Nullerjahren siebenmal so hoch wie bei einem Jugendlichen aus einem Arbeiterhaushalt.

»Aber ist das nicht logisch und richtig?«, werden manche fragen, die die ganze Ungleichheitsdebatte sowieso übertrieben finden. Der Unterschied könnte sich doch aus den Genen erklären, werden sie sagen, oder daraus, dass Akademikereltern ihre Kinder zu besseren Leistungen coachen.

Wirklich bemerkenswert erscheint deshalb ein anderer Befund. Selbst wenn Schüler mit genau gleichen Kompetenzen verglichen werden, besuchen Akademikerkinder mit viermal so großer Wahrscheinlichkeit das Gymnasium wie Jugendliche aus dem falschen Viertel der Stadt.[4]

Offensichtlich ist es nicht nur eine Frage der Fähigkeiten, auf welche Schule jemand geht. Und offensichtlich hilft der Staat ein halbes Jahrhundert nach Picht benachteiligten Kindern zu wenig, ihre Startnachteile zu überwinden. Ja, seit Picht die Katastrophe ausrief, hat sich die Zahl der Gymnasiasten unter den Arbeitersöhnen vervierfacht. Aber in der Mittelschicht hat sich die Zahl versiebenfacht. »Man kann sogar behaupten, dass sich die relativen Bildungschancen der Unterschicht bei den Männern verschlechtert haben«, sagt der Soziologe Hans-Peter Blossfeld, der eine Bildungsstudie mit 60 000 deutschen Lebensläufen aufgebaut hat, nach manchen Angaben die größte sozialwissenschaftliche Studie der Welt.[5]

Falsche Herkunft, falsche Schule: Dieser Klassenunterschied ist umso interessanter, als zahlreiche Neoliberale die Ungleichheitsdebatte gern auf die Frage der Chancengerechtigkeit reduzieren wollen. Wie stark Arm und Reich in Deutschland auseinanderklaffen, ist nach ihrer Logik gleichgültig. Einkommen verstehen sie vor allem als Ergebnis persönlicher Leistung (und somit für staatliche Eingriffe sakrosankt). Das einzig legitime politische Ziel wäre demnach, möglichst gleiche Chancen für jeden zu schaffen, das Beste aus seinem Berufsleben zu machen. Für diese Chancengerechtigkeit aber tue der Staat doch schon sehr viel. Sind Schulen und Hochschulen nicht kostenlos? Zahlen sozial Schwächere nicht weniger für den Kindergarten?

Wenn sich die Mehrheit der Wähler dieser Logik anschließt, hat das für die Besitzenden einen angenehmen Effekt: Der Staat büßt die Rechtfertigung dafür ein, von oben nach unten umzuverteilen. Denn Einkommen ist in dieser Logik ja vor allem das Ergebnis persönlicher Leistung. Und die kann bei großer Chancengerechtigkeit jeder selbst bestimmen. Wer wenig verdient, hat es demnach nicht anders verdient. Politiker, die trotzdem umverteilen, müssen üble Sozialisten sein.

Aber was bedeutet es, wenn Akademikernachwuchs bei gleichen Kompetenzen viermal häufiger aufs Gymnasium geht als Arbeiterkinder? Daran zeigt sich eben, dass die Chancen in Wahrheit völlig unfair verteilt sind. Als ob Einkommen nur von der Leistung abhinge, die jeder selbst bestimmen kann. Offenbar hängt eben nicht nur von den Fähigkeiten ab, ob sich ein junger Mensch Qualifikationen erwirbt, um mehr zu verdienen. Sondern von der Herkunft. Und zwar bei Männern deutlich stärker als bei Frauen. »Bei den Männern hat die soziale Herkunft 1950 über die Bildungschancen entschieden, und sie entscheidet auch heute noch darüber«, urteilt der Soziologe Blossfeld.

Die Unterschiede entstehen früh. Kinder Alleinerziehender, die häufiger arbeitslos und schlechter ausgebildet sind, fallen in Mathematik bereits mit zehn Jahren gegenüber Kindern aus Paarfamilien zurück.[6] Einkommensschwächeren fehlt es generell an Mitteln, Kitas oder Nachhilfestunden zu bezahlen. Starke Ungleichheit erschwert es Familien der Arbeiter- und unteren Mittelschicht grundsätzlich, in Bildung und Qualifikation zu investieren.[7]

Die Neoliberalen liegen ohnehin falsch, wenn sie die Ungleichheitsdebatte auf Chancengerechtigkeit reduzieren wollen. Sie klammern den Reichtum aus, der manchen ohne eigene Leistung vererbt wird und anderen nicht. Aber ihre Argumente überzeugen nicht mal, wenn man ihre Verengung der Debatte akzeptiert. Denn es gibt in der Bundesrepublik keine Chancengerechtigkeit.

Das Bildungssystem könnte eine Schlüsselrolle spielen, die Ungleichheit zu verringern. Indem es den Benachteiligten hilft, wie Georg Picht vor einem halben Jahrhundert forderte. Indem es sozialen Aufstieg in die Mittelschicht ermöglicht. Stattdessen dupliziert das System die Ungleichheit, wie es der Soziologe Pierre Bourdieu in seiner berühmten Untersuchung kritisierte.[8]

»Bessere Bildung erhöht das Einkommen. Wenn Bildungsleistungen stark vom Elternhaus abhängen, klaffen auch die späteren Einkommen stark auseinander«, sagt Ludger Wößmann, Leiter des Zentrums für Bildungsökonomik am Ifo-Institut.[9] Der 43-Jährige legt einen Schwung Folien auf den Besprechungstisch. Dann hält er seine Lieblingsfolie hoch. Sie zeigt Arbeitslosenraten, sortiert nach Abschluss:

Hochschule: 2,5 Prozent.

Lehre/Fachschule: fünf Prozent.

Kein Berufsabschluss: 20 Prozent (in Ostdeutschland: 32 Prozent).

Dazu muss man wissen, dass jeder Sechste ohne Berufsabschluss ist.[10]

»Diese Folie sollte bei jedem Elternabend gezeigt werden«, schlägt Wößmann vor. Zusammen mit der Folie, wonach Akademiker viel mehr verdienen als Beschäftigte mit Lehre. Natürlich wäre es falsch, alle jungen Menschen mit Gewalt auf die Uni zu drängen. Wo das deutsche System eine praxisnahe Lehre im Betrieb bietet statt einer Verschulung des Friseurberufs wie in anderen Ländern, hat die duale Ausbildung große Vorteile. Es geht um etwas ganz anderes: Mehr jungen Menschen Bildungsabschlüsse gemäß ihren Fähigkeiten zu ermöglichen. Und überhaupt Abschlüsse. Die Unterschiede sind gewaltig: Akademiker verdienen im Laufe ihres Arbeitslebens eineinviertel Millionen Euro mehr als Deutsche ohne Abschluss. Das macht den Unterschied zwischen Mittelschicht und prekärer Existenz. Mit Berufsausbildung sind es immer noch 250 000 Euro mehr Verdienst als ohne.[11]

»Vielen Eltern ist der Wert der Bildung für ihre Kinder nicht bewusst«, sagt Ludger Wößmann. »Vielleicht sollten wir überall Plakate aufhängen mit den Zahlen: ›Wenn Sie wollen, dass Ihr Kind 40 Prozent mehr verdient, schicken Sie es länger zur Schule.‹« Die Zahlen sind eindeutig. Aber in den Köpfen der Deutschen herrschen ganz andere Vorstellungen. »Es wird oft vor Akademikerarbeitslosigkeit gewarnt«, sagt Wößmann. »Aber die gibt es in Wahrheit kaum.« Und die brotlosen Soziologen? Den Professor nerven diese Stereotypen. Die brotlosen Soziologen sind gar nicht repräsentativ. Und in einer digitalen und immer komplexeren Wirtschaftswelt kommt es ohnehin immer mehr auf Qualifikationen an, die ein Studium ermöglicht. Aber die Debatte in Deutschland steckt voller Stereotypen wie den brotlosen Soziologen. Und deshalb ist das deutsche Bildungssystem schlechter, als es sein könnte. Beim Thema Bildung meint jeder, mitreden zu können. Wie beim Fußball. »Jeder von uns ist ein Fachmann in Sachen Bildung. Jeder weiß es besser, war selbst auf der Schule. Fast jeder hat eigene Kinder in der Schule und macht Erfahrungen mit Lehrern. Das sind nur leider keine repräsentativen Erlebnisse.«

Wößmann forscht seit mehr als 18 Jahren über Bildung. Als vor ein paar Jahren seine Tochter in die Schule kam, überlegte er lange, sich einem anderen Gebiet zuzuwenden. Weil er als Vater zwangsläufig subjektive Erfahrungen mit dem Bildungssystem machen würde, von denen er sich als Forscher freimachen muss, weil sie eben nicht repräsentativ sind. Am Ende blieb er bei der Bildung, weil er das Thema zu wichtig findet. Was er damit meint, wird einem klar, wenn er über Ungleichheit spricht. Wößmann ist ein nüchterner Westfale, der im Gespräch selten richtig emotional wird. Seinen Zorn spürt man erst, wenn man über seine Äußerungen später noch mal nachdenkt. Diese Klarheit, diese Schärfe. »Die Akzeptanz der sozialen Marktwirtschaft scheint zu schwinden. Warum? Eine entscheidende Ursache dürfte darin liegen, dass den Menschen offenkundig ist, dass in unserem Gesellschaftssystem eben keine Chancengerechtigkeit herrscht. Einem ganzen Teil der Bevölkerung sind, wenn sie mündig werden, aufgrund einer qualitativ unzureichenden Bildung schon viele Zukunftschancen verbaut. Für viele ist der Zug längst abgefahren.«

Junge Deutsche entscheiden überhaupt erst zu diesem Zeitpunkt, mit 16 oder 18, selbst über ihren Lebensweg. Vorher haben es ihre Eltern oder Lehrer für sie getan. Wie müssen sich diese jungen Deutschen fühlen, wenn sie bei ihrer Volljährigkeit feststellen, dass »der Zug längst abgefahren ist«? Die Menschen akzeptieren das Gesellschaftssystem nur, wenn sie die Möglichkeiten einer freien Wirtschaft nutzen können, glaubt Wößmann. Um das zu tun, müssten sie mit 16 oder 18 die gleichen Startchancen haben, unabhängig von der Stellung ihrer Familie. Doch wer Kriterien wie Einkommen, Bildungsstand und die Anzahl der Bücher in einem Elternhaus zusammenwirft, stellt fest: Woher einer kommt, beeinflusst seinen Schulweg in Deutschland stärker als im Durchschnitt der OECD-Staaten. Und deutlich stärker als in Skandinavien, Südeuropa – oder sogar den USA.

Die Größe der Differenzen erstaunt: Die Schülerleistungen in Mathematik klaffen zwischen den stärksten und schwächsten zehn Prozent der deutschen Schüler um ganze neun Schuljahre auseinander. Dieser Vorsprung an erworbenen Kenntnissen lässt sich so umrechnen: Einer hat das Abitur absolviert – und der andere vier Jahre Grundschule. Und das in einer Nation, die sich so viel auf ihre Bildungstradition einbildet, auf die großen Humanisten, Philosophen und Dichter. »Es gibt kaum ein Land, in dem Kompetenzen mit 16 Jahren stärker vom sozioökonomischen Hintergrund abhängen«, resümiert Ludger Wößmann. Weil das Einkommen so stark von der Qualifikation abhängt, verstärken solche Unterschiede die Ungleichheit.

Die Boomrepublik Deutschland hängt jene ab, die so sehr auf den Aufstieg in ein Leben frei von materiellen Sorgen hoffen.

Die mangelnden Aufstiegsmöglichkeiten sind für die Betroffenen bitter, aber nicht nur für sie. Der verbaute Aufstieg ist ein Problem für das ganze Land. Aktuell fehlen deutschen Unternehmen bereits 170 000 Fachkräfte mit Kenntnissen in Mathematik, Informatik, Naturwissenschaften oder Technik.[12] Die Angebotslücke in diesen Berufen nimmt in den nächsten Dekaden drastisch zu, das prognostizieren Wirtschaftsvertreter seit Jahren. Prognos-Institut und Boston Consulting Group sagen einen Arbeitskräftemangel von drei bis acht Millionen Menschen im Jahr 2030 voraus. Durch die Ungleichheit des Bildungssystems schafft sich Deutschland den Fachkräftemangel selbst, über den es seit Jahren diskutiert.

»In Deutschland ist die Chancenungleichheit im internationalen Vergleich groß«, analysiert IAB-Direktor Joachim Möller. »Wenn Niedrigverdiener ihre Kinder nicht auf höhere Schulen und Universitäten schicken, werden Talente verschwendet. Das schadet dem ökonomischen Potenzial.«[13] Hochrechnungen zeigen: Allein dadurch, dass 20 Prozent der 15-Jährigen nicht über das Grundschulniveau hinauskommen, verliert das Land auf Sicht eines Menschenlebens drei Billionen Euro. Das ist ein Verlust fast so hoch wie das Bruttoinlandsprodukt eines Jahres.

Es gibt Anzeichen dafür, dass die gesellschaftliche Spaltung in Zukunft sogar zunehmen wird. Professor Wößmann hat sich angesehen, wie Erwachsene in den 90er Jahren in Mathematik und beim Verständnis von Texten abschnitten. In der amerikanischen Bevölkerung waren diese Fähigkeiten damals schon ziemlich unterschiedlich verteilt. In Deutschland waren sie relativ gleich verteilt, ähnlich wie in den von jeher besonders egalitären Nationen Skandinaviens. Testergebnisse deutscher Schüler aus den Nullerjahren zeigen ein anderes Bild. Inzwischen liegen die Leistungen weit auseinander. Wer weiß, wie stark Bildung das Einkommen bestimmt, dem ist klar: Die Einkommen klaffen künftig noch weiter auseinander. »Die viel diskutierte Schere zwischen Arm und Reich wird aufgrund der steigenden Ungleichheit in den Bildungsleistungen weiter aufklappen«, ist Wößmann sicher.

Das heißt nichts anderes als: Es wird noch schlimmer. Der Traum vom Aufstieg in die Mittelschicht wird sich für noch mehr Menschen als Illusion erweisen.

»In Deutschland gibt es da ein Problem«, analysiert auch Joachim Möller. »In den 50er und 60er Jahren hatten wir eine durchlässigere Gesellschaft, die den Aufstieg ermöglichte.«

Wie sehr unser Wirtschafts- und Bildungssystem die Unterschiede zementieren, sickert längst bei den Menschen ein. Jeder dritte Deutsche gibt seine Überzeugung zu Protokoll, der soziale Status hänge allein vom Geldbeutel der Eltern ab. Leistung? Lohne sich nicht. Besonders ausgeprägt ist der Fatalismus bei jenen, die es am meisten betrifft. Unter den 30-Jährigen aus einfachen Verhältnissen glaubt inzwischen mehr als die Hälfte, dass sich Anstrengungen kaum auszahlen.[14] Das wirkt sich auf ein Gesellschaftsmodell aus, das darauf aufbaut, dass jeder egal mit welchem Verdienst engagiert zur Arbeit geht. Und brav an ein anonymes Riesengemeinwesen Steuern und Sozialabgaben zahlt, deren Gegenleistung er nur indirekt spürt. Ungleichheit und Aufstiegsblockaden zerstören die Gesellschaft, wie wir sie kennen.

9.
Der Abstieg der Mittelschicht

Ein Auto. Mehrmals im Jahr in den Urlaub fahren. Ein Haus im Grünen. Die Kinder studieren lassen. Es sind Ziele wie diese, die den Lebensplan vieler Millionen Deutscher charakterisieren. Alle diese Ziele lassen sich unter einem Dach zusammenfassen: Die Menschen wollen einen Platz in der Mittelschicht. Zur Mittelschicht zu gehören war in der Bundesrepublik stets der Wunsch der Mehrheit. Und damit zugleich der Kitt, der die Gesellschaft zusammenhielt. Es gab ja einen Plan, dem die schlecht bezahlte Lehrzeit unter dem autoritären Chef folgte, die unübersichtlichen Uni-Jahre, das Zurechtfinden in der Berufswelt: ein Platz in der Mittelschicht mit anständigem Einkommen. Für das Auto, den Urlaub, das Haus und die Kinder. Ohne bei kleineren Ausgaben ständig aufs Konto gucken zu müssen. Dafür lohnten sich die Mühen, der Einsatz im Beruf.

In den 50er Jahren rief der Soziologe Helmut Schelsky die Bundesrepublik zur »nivellierten Mittelstandsgesellschaft« aus. Das kennzeichnete eine Gesellschaft, in der die Unterschiede zwischen Kapitalisten und Arbeitern nicht mehr so groß waren wie in den 150 Jahren der Industrialisierung davor. Aufstieg war möglich, Arbeiter konnten als Facharbeiter einen Platz in der Mittelschicht ergattern. Von der Mietskaserne mit Klo auf dem Gang in das Reihenhaus am Stadtrand. Dazu gehörte auf jeden Fall die Vorstellung, dass man besser leben würde als die eigenen Eltern. Und den eigenen Kindern sollte es noch besser gehen.

Weil Aufstieg möglich war oder sogar wahrscheinlich, schuf dies eine nachhaltige Zufriedenheit mit dem Wirtschaftssystem der Bundesrepublik. Leistung lohnte sich ja. Die Arbeit im Betrieb genau wie das brave Bezahlen von Steuern und Sozialabgaben an ein anonymes Riesengemeinwesen, deren Gegenleistung eben nur indirekt zu spüren war.

Die Mittelschicht war stets behaglich größer als in anderen europäischen Ländern, als in Großbritannien oder Italien. Dazu trugen vor allem zwei Faktoren bei, erkennen Gerhard Bosch und Thorsten Kalina von der Universität Duisburg-Essen: Ein Sozialsystem, das die breite Mehrheit vor Risiken schützte, bis hin zum Alter. Und Flächentarifverträge, die nahezu alle Betriebe erfassten und so die Lohnunterschiede verringerten – schwächere oder weniger qualifizierte Arbeitnehmer profitierten von der Verhandlungsmacht der Stärkeren.[1]

Abermillionen Deutsche hatten ein Ziel vor Augen, das sich realistisch erreichen ließ. Das bedeutete, traditionelle Klassengegensätze zwischen Kapitalisten und Arbeitern mussten nicht mehr so scharf gesehen werden. Das bedeutete im Vergleich zu gegensätzlicheren Ländern wie Großbritannien, Frankreich oder Italien mehr Wachstum, da weniger Streiks und andere Auseinandersetzungen. Es bedeutete sozialen Frieden, von dem alle profitierten, ganz besonders aber die Besitzenden.

Wer sich all dies vor Augen führt, registriert höchst besorgt, dass die Mittelschicht unter Druck geraten ist. Ihr Anteil an der Bevölkerung schrumpfte seit der Wiedervereinigung von 56 auf 48 Prozent, so die Forscher Bosch und Kalina. Damit ist sie nicht mehr die Mehrheit. Das DIW-Institut stellt mit einer etwas anderen Einteilung ein ähnliches Schrumpfen fest.[2] Seit der Wiedervereinigung verschwanden zweieinhalb Millionen Deutsche aus der Mittelschicht. Die meisten stiegen ab.

Und nicht nur die Mittelschicht schrumpft, sondern auch das, was die Mittelschicht verdient. Zwischen 1983 und 2000 war ihr mittleres Einkommen um etwa 20 Prozent gestiegen. Auto, Urlaub, Haus im Grünen. Es ging ihr stetig besser als zuvor. Seit der Jahrtausendwende geht es ihr nicht mehr besser. Das Einkommen stagnierte. Insgesamt stagnieren die Reallöhne seit langem.[3] Selbst Akademiker und Fachkräfte, die sich nie als arm bezeichnen würden, sehen ihr Gehalt Monat für Monat dahinschwinden.

Um die Tragweite dieser Entwicklung einzuschätzen, muss man sich klarmachen, welche Rolle die Mittelschicht für die Bundesrepublik spielt. Wer ein mittleres Einkommen zwischen 2700 und 8000 Euro hat, gibt davon etwa die Hälfte als Steuern und Sozialabgaben ab. Die Hälfte, das ist gewaltig. Mittelschichtler bekommen anders als die Unterschicht wenige Sozialleistungen. Sie können anders als die Oberschicht kaum Steuertricks oder Vergünstigungen für Reiche nutzen. Die Mittelschichtler tragen die finanziellen Lasten der Gesellschaft. Ohne sie brechen Rentensystem und Krankenversicherung zusammen, ohne sie lassen sich keine Lehrer und Polizisten entlohnen.

Die Mittelschicht hält die Gesellschaft nicht nur mit ihrem Geld zusammen, sondern auch mit ihrem Wahlverhalten. Sie ist mit ihrer bisherigen Präferenz für moderate Parteien das Fundament einer Demokratie, die Lösungen produziert statt Dauerstreit. Financier und Garant von Wachstum und Demokratie – wie kann es sein, dass die deutsche Politik zulässt, dass die Mittelschicht schrumpft und ihr Einkommen noch dazu?

Politik und Wirtschaft haben genau jene Mechanismen geschwächt, die die deutsche Mittelschicht nach Bosch und Kalina größer gemacht haben als sonst in Europa:

- *Ein Sozialsystem, das die breite Mehrheit vor Risiken schützt, bis hin zum Alter?* Sozialleistungen wurden gesenkt. Auch wer einen Mittelschichts-Verdienst von 8000 Euro hatte, landet nach längerer Arbeitslosigkeit bei 400 Euro Hartz IV. Ältere rutschen wegen stagnierender Renten aus der Mittelschicht.
- *Flächentarifverträge, die nahezu alle Betriebe erfassen und so die Lohnunterschiede verringern?* Nur 30 Prozent der Firmen zahlen Tariflohn, halb so viel wie vor zwanzig Jahren. Vollzeitstellen mutierten vielfach zu befristeten Jobs, Teilzeit- und Minijobs. Um wettbewerbsfähiger zu werden, verpflichteten die Firmen die geschwächten Gewerkschaften in den Nullerjahren zu Lohnzurückhaltung. Durch die Explosion des Niedriglohnsektors rutschten »Teile der mittleren Schicht relativ nach unten in der Hierarchie«, schreibt das DIW.

Dazu kommt, dass die Politik Arbeitseinkommen weit stärker belastet als in anderen Industriestaaten. Millionäre zahlen auf ihre Kapitalerträge 25 Prozent Steuern. Mittelschichtler zahlen ab 4500 Euro im Monat 42 Prozent Steuern.

Dazu kommen die Privatisierungswellen bei Post, Müllentsorgung und Telefon, die Auslagerung früher beim Staat festangestellter Putzleute, Portiers oder Sicherheitskräfte. »Postboten hatten früher ein gutes Auskommen, konnten sich problemlos eine eigene Wohnung leisten«, sagt IAB-Direktor Joachim Möller. »Vergleichen Sie das mal mit den gehetzten Paketboten von heute, die teils nicht viel mehr als 1000 Euro verdienen.«[4]

Und dazu kommen auch noch Menschen wie Margret Meier, die wegen ihrer Kinder den Beruf hintanstellten und darüber ihre Qualifikation verloren. Als technische Zeichnerin gehörte Meier zur Mittelschicht, mit ihren heutigen Hilfsjobs gehört sie längst nicht mehr dazu. Der Deutsche Gewerkschaftsbund spricht von entwerteten Qualifikationen: »Jeder hat schon von Akademikern gehört, die einfachsten Bürotätigkeiten nachgehen oder von einer Facharbeiterin, die nach einer familienbedingten Erwerbsunterbrechung irgendeinen Aushilfsjob macht, weil sie in ihrem erlernten Beruf nicht mehr Fuß fassen kann.«[5]

Angesichts dieser vielen Ursachen überrascht es nicht mehr, dass die Mittelschicht schrumpft. Es überrascht nur, dass die Politik dabei zusieht. Wenn die Mittelschicht schrumpft, wird zum Schaden der Wirtschaft weniger konsumiert. Es schrumpft die Gruppe, die gemeinhin stärker als die Unterschicht Vermögen bildet und deshalb Krisen übersteht, ohne auf den Sozialstaat angewiesen zu sein. Und das Problem ist noch fundamentaler: Wenn sich das Sehnsuchtsziel Mittelschicht, die Vorstellung vom immer besseren Leben als Illusion entpuppt, kippt die ganze Statik der Bundesrepublik. Denn die ist auf der Mittelschicht als Financier und Garant der Demokratie aufgebaut.

Der finanzielle Abstieg ist schon lange Realität. Von den heute 81-Jährigen bis zu den heute 58-Jährigen funktionierte der Plan von einem immer besseren Leben. Diese Mittelschichtsmänner verdienten im Laufe ihres Berufslebens mehr als die vor ihnen Geborenen. Dann begann die

Stagnation. Wer heute 57 oder 50 Jahre alt ist, verdient nicht mehr als ältere Arbeitnehmer. Wer unter 50 Jahre alt ist, verdient sogar weniger. Von wegen immer besseres Leben.[6]

Auch der zweite Teil des Versprechens wackelt: Es ist schwieriger geworden, überhaupt in die Mittelschicht aufzusteigen. Manche Ausbildungsberufe wie Floristen, Friseure oder Verkäuferinnen sind heute so schlecht bezahlt, dass sie nicht mehr dazugehören.[7] »Gerade in der Mitte der Gesellschaft brechen Stellen weg. In der Produktion durch Roboter, in der Verwaltung bei den Sachbearbeitern durch Computerprogramme«, analysiert Ifo-Ökonom Ludger Wößmann. »Deshalb ist es schwerer als früher, von unten in die Mitte aufzusteigen. In den 60er Jahren holte man noch Gastarbeiter, um sie an die Maschinen zu stellen. Für Geringqualifizierte gab es früher noch Jobs, die gibt es heute nicht mehr. Die sind nach Asien abgewandert oder durch Roboter ersetzt worden.«[8] Die deutsche Gesellschaft ist weniger durchlässig geworden – jedenfalls nach oben.

Für Arme verringerten sich die Chancen auf einen Aufstieg beträchtlich, hat Dorothee Spannagel vom gewerkschaftsnahen WSI-Institut untersucht. Dagegen nahmen in der oberen und unteren Mittelschicht die Abstiegsrisiken zu. Vor allem aus der unteren Mitte steigen deutlich mehr Personen zu den Armen ab als in den 80er Jahren. Freuen können sich nur reiche Haushalte: Sie steigen seltener ab.[9]

Die Schaffung von Millionen Stellen seit den Nullerjahren hätte in früheren Zeiten die Mitte vergrößert. Doch das ist nicht geschehen. »Es ist erstaunlich, dass die Mittelschicht nicht zunimmt, obwohl der Arbeitsmarkt gut läuft«, sagt DIW-Forscher Markus Grabka. Die Erklärung liegt auf der Hand: Wer in schlecht bezahlten Teilzeitjobs in der Dienstleistungsbranche hängenbleibt, steigt nicht mehr wie früher in die Mittelschicht auf.

Besonders frustrierend sind die Perspektiven für die Jüngeren. Jeder Dritte unter 35 hat einen Niedriglohnjob mit weniger als elf Euro die Stunde, aus dem der Mehrheit binnen fünf Jahren nicht der Aufstieg gelingt. In diesen Jobs verdienen sie 20 Prozent weniger als Gleichaltrige in den 80er Jahren.[10] Damals gehörten noch 76 Prozent der 18- bis 30-Jährigen der Mittelschicht an. Inzwischen sind es nur noch 58 Prozent.

Damit gerät der dritte Teil des Mitte-Versprechens ins Wanken, der die deutsche Gesellschaft seit der Nachkriegszeit zusammenhält. Nicht nur schrumpft die Mittelschicht, nicht nur ist der Aufstieg schwerer – die Mitte-Menschen fürchten auch mit guten Gründen, dass ihre Kinder es nicht besser haben werden als sie selbst. Sondern schlechter.

Da sind zum einen unsichere, schlecht bezahlte Jobs. Da ist zum anderen die Explosion der Immobilienpreise, die eine großzügige Wohnung oder ein eigenes Haus im Grünen zumindest in den Ballungsräumen unerschwinglich macht. Da ist zum Nächsten, dass eine schrumpfende Zahl junger Arbeitnehmer eine historisch große Zahl von Rentnern – die Babyboomer, ihre Eltern – finanzieren muss.

Erstaunlicherweise begehren die Jüngeren nicht auf. Vielleicht liegt das auch daran, dass das Verhältnis zwischen den Generationen besser geworden ist als zu den Zeiten, als Eltern autoritärer waren als heute. Auf jeden Fall bekommen viele Menschen Geld von ihren Eltern in einem Alter, in dem frühere Generationen stolz auf ihre Unabhängigkeit waren.

Mit den Sorgen der Jüngeren ist auch der letzte Teil des Mitte-Versprechens entwertet: Die Mittelschicht schrumpft, sie verdient weniger, der Aufstieg in die soziale und ökonomische Mitte fällt schwerer – und die Kinder werden es nicht besser haben. Diese multiple Enttäuschung ist politisch hochbrisant. Sie stellt infrage, ob die Mittelschichtler und die Aufstiegswilligen weiter engagiert arbeiten, brav Steuern und Sozialabgaben zahlen und somit die Gesellschaft tragen. Umso verwirrender ist, dass die Politik darauf keine Antworten findet.

Es gäbe eine ganze Menge Antworten: von mehr Chancen durch Bildung über eine Entlastung von Steuern und Sozialabgaben über bessere Löhne bis zu mehr Unterstützung für Familien.

Doch die Politik bleibt stumm. Ihre Stummheit wird sich rächen.

Nein, falsch: Dieser Prozess ist längst in vollem Gang.

10.
Ein politisches Erdbeben

In deutschen Parlamenten macht sich eine Partei breit, die ihren Erfolg auf einem schlichten Nein aufbaut. Als den Deutschen die Euro-Rettung zu teuer vorkam, rief sie: »Nein zum Euro!« Seit die Eurokrise abebbte und eine Million Migranten ins Land kamen, schreit sie: »Nein zu Flüchtlingen!« Seit der Flüchtlingsstrom abebbt und Islamisten Anschläge verüben, brüllt sie: »Nein zum Islam!« Und bei alldem tönt ein Nein zum System mit, zu den etablierten Parteien, zur vermeintlichen Lügenpresse.

Die vermeintliche Alternative für Deutschland zog seit 2014 bei allen zehn Landtagswahlen ins Parlament ein. Bei den fünf Landtagswahlen 2016 erzielte sie zwischen zwölfeinhalb Prozent und einem gewaltigen Viertel der Stimmen. Damit macht sie nicht kleineren Parteien Konkurrenz, sondern den großen Volksparteien. Längst treibt sie die etablierten Parteien vor sich her, gerade CDU und CSU, die sich monatelang öffentlich über die Flüchtlingspolitik duellierten und so ein desolates Bild ihrer Regierungsfähigkeit präsentierten.

Um den unheimlichen Charme der AfD zu verstehen, muss man den Charme des universellen Nein begreifen. Es ist ein Nein zu den herrschenden Zuständen, zur eigenen Situation. Von Bürgern, die sich vom politisch-wirtschaftlichen System an den Rand gedrängt fühlen – und die nicht angehört werden: Bei den Landtagswahlen in Mecklenburg-Vorpommern und Berlin gaben 70 Prozent der AfD-Wähler an, sie hätten die Partei aus Enttäuschung über die anderen Parteien gewählt. Die AfD beutet eine tief sitzende Unzufriedenheit aus, die mit stagnierenden Einkommen der Mittelschicht zu tun hat und dem Abstieg von Geringverdienern. Wenn das Eigene nicht reicht, wird der Fremde zum Feind, weil er sogar vom wenigen noch etwas wegnehmen könnte. Die AfD erntet die politischen Früchte der Ungleichheit im Land. »Der gesellschaftliche Zusammenhalt beginnt zu schwinden«, analysiert IAB-Direktor Joachim Möller. »Wir sehen das schon am Erstarken der populistischen Parteien. Die Bedrohung der Mittelklasse führt zu einer Radikalisierung.«

Nun gab es in der Bundesrepublik immer wieder rechte Protestparteien. Ob Republikaner, DVU oder NPD, alle verloren nach einer Weile an Bedeutung. Diesmal könnte es anders sein. Überall im Westen sind Populisten im Aufwind, die Unzufriedenheit und Fremdenphobie ausbeuten, von Donald Trump über Marine Le Pen bis zu den Propagandisten des Brexit wie Nigel Farage.

»Es gibt einen globalen Aufstand gegen die zunehmende Ungleichheit, stagnierende Mittelschichts-Einkommen, soziale Ausgrenzung, Freihandel, Masseneinwanderung und Steuersysteme zugunsten der Konzerne und Manager«, erkennt der New-York-Times-Kolumnist Roger Cohen.[1] »Eine riesige Zahl amerikanischer Wähler hat das Vertrauen in das politische und wirtschaftliche System verloren«, notiert der Financial-Times-Kolumnist Martin Wolf in einem Aufsatz mit dem Titel *Wenn das Vertrauen schwindet, ist der Westen verloren*.[2] Kolumnist Cohen bemerkt, dass die Anti-Stimmung auf den Westen beschränkt ist. In den Schwellenländern hat die Globalisierung hunderte Millionen aus der Armut befreit, ihnen Bildung ermöglicht und sie zu Konsumenten gemacht. Die nun aufbegehren, sind die Verlierer der Globalisierung im Westen: Gehetzte aus der Unterschicht, Stagnierende aus der Mittelschicht.

In Europa ist das überall zu sehen. Der Energiebroker Martin Wellman verbringt seine Mittagspause heute im Londoner Pub Shaw's Booksellers. Um die Ecke ist die Bahnstation, zu der er jeden Morgen eineinhalb Stunden pendelt und abends von dort eineinhalb Stunden nach Hause. Er steht morgens um 5.30 Uhr auf. Wellman ist aufs Land gezogen, weil er sich trotz eines respektablen Salärs kein Haus mit Garten in London leisten kann, wie es seine Eltern konnten. Seine Eltern kauften in den 70er Jahren ein Haus, das heute weit über eine Million Pfund wert ist – Teil jenes Immobilien-Monopolys, das Menschen wie ihren Sohn aus der Stadt vertreibt. Ein Schluck nicht frisch gepresster Orangensaft, dann sagt Wellman: »Früher verdiente jemand aus der Mittelklasse wie ich ein gutes Gehalt, die Frau musste nicht arbeiten, man konnte regelmäßig in den Urlaub fahren und sich ein Haus leisten. Heute ist das nicht mehr so. Und das ist nicht in Ordnung. Kein Wunder, dass Populisten wie Trump oder Nigel Farage Erfolg haben.«[3] Vier Wochen nach dem Gespräch bei Shaw's Booksellers stimmen die Briten für den Austritt aus der EU.

Die allgemeine Unzufriedenheit mit dem System prägt viele AfD-Wähler. Sie haben gar keine negativen Erfahrungen mit Flüchtlingen gemacht. Die AfD schnitt besonders erfolgreich in Sachsen-Anhalt und Mecklenburg-Vorpommern ab, wo es besonders wenig Fremde und Flüchtlinge gibt. Noch etwas gibt es hier besonders wenig: Wirtschaftskraft und Arbeitsplätze.

Flüchtlinge lassen sich leichter zum Feindbild machen als abstrakte, anonyme Gewalten wie Globalisierung oder Technologie, die das Leben der Unzufriedenen viel stärker durchschütteln als die Migranten. Flüchtlinge haben ein Gesicht, sie sind optisch und kulturell von den Deutschen abgrenzbar. »Der Frust über die eigene wirtschaftliche Situation kann einfach in nationalistische Gefühle umgemünzt werden«, doziert der frühere Weltbank-Ökonom Branko Milanović.[4] Dazu muss keiner selber mit Migranten Erfahrungen gemacht haben, analysiert der Mainzer Politologe Jürgen Falter: »Diese Wähler benötigen gar keine Konfrontation mit ihrem Feindbild. Sie müssen nur unterstellen, dass es zu einer Konfrontation kommen könnte.« Ohne die AfD mit den Nazis zu vergleichen, sieht Falter eine Parallele zu den 30er Jahren: Die Nazis fanden gerade dort besonders viele Wähler, wo ihr Feindbild, die Juden, kaum vertreten waren.[5]

Robert Gold vom Kieler Institut für Weltwirtschaft untersuchte, wie Fremde zum Sündenbock für die Globalisierung werden. Er nahm dafür deutsche Regionen unter die Lupe, die in den 90er und Nullerjahren besonders von Exporten profitierten – und solche, in denen Importe aus Osteuropa und China dominierten, so dass ortsansässige Fabriken dichtmachen mussten. Ergebnis: Ob eine Region durch die Globalisierung gewinnt oder verliert, wirkt sich auf die Wahlchancen einer bestimmten Sorte von Parteien aus: der fremdenfeindlichen. In Gewinner-Regionen hatten Republikaner, DVU und NPD keine Chance. In Verlierer-Gegenden hatten sie großen Erfolg. So im Bayerischen Wald, wo Glashersteller und die Holzindustrie untergingen. Und in der Südwestpfalz mit ihrem Arbeitsplatzkahlschlag in der Leder- und Schuhindustrie um die Städte Zweibrücken – und Pirmasens.

Die Republikaner machten in Pirmasens stets explizit die Globalisierung für die wirtschaftlichen Nöte der Stadt verantwortlich.[6] Sie sitzen wie die NPD nach wie vor im Stadtrat. Bei der Landtagswahl 2016 büßten die Rechtsextremen allerdings zwei Drittel ihrer Stimmen ein. Wer nahm ihnen die Stimmen ab? Die AfD, die in Pirmasens (und Zweibrücken) 16 Prozent der Stimmen holte, ein Viertel mehr als sonst im Land.

Die Partei ist längst dabei, ihre Haltung gegen das europäisch-amerikanische Freihandelsabkommen TTIP zu einem Anti-Globalisierungskurs auszubauen. »Der globalmobilen Jetztmenschheit«, tönt ihr Rechtsausleger Björn Höcke, drohe »eine Ortlosigkeit, die in letzter Konsequenz das soziale, ökologische und ökonomische Verantwortungsgefühl von Menschengruppen und Einzelnen erodieren lässt.«[7] AfD-Wähler haben zu zwei Dritteln eine Lehre oder einen ähnlichen Bildungsabschluss absolviert.[8] Sie gehören jenen Schichten an, die in der neuen Wirtschaftswelt am ehesten von Stagnation oder Abstieg betroffen sind.

Der Aufstieg der Rechtspartei ist nicht das erste Phänomen, das sich zumindest zum Teil darauf zurückführen lässt, dass seit den 90er Jahren Einkommen stagnierten und die Ungleichheit zunahm. In den Nullerjahren spaltete sich die Wahlalternative Arbeit und soziale Gerechtigkeit (WASG) von der SPD ab. Seit ihrer Fusion mit der SED-Nachfolgepartei PDS ist sie als Linke zur gesamtdeutschen Kraft geworden. Die WASG mit Oskar Lafontaine war eine direkte Reaktion auf die Reformpolitik der SPD, der einstigen Partei der kleinen Leute. Ausgerechnet der SPD-Finanzminister Hans Eichel kürzte den Spitzensteuersatz radikal von 53 auf 42 Prozent, was Unions-Kanzler Helmut Kohl nicht in den Sinn gekommen ist. Und ausgerechnet der nächste SPD-Finanzminister Peer Steinbrück erlaubte Millionären zusätzlich, Kapitalerträge statt zum Spitzensteuersatz nur mit 25 Prozent zu versteuern. Die Sozialreformen des SPD-Kanzlers Gerhard Schröder vergrößerten durch Kürzungen wie Hartz IV den Abstand zwischen den Schichten. Sie halfen zwar langfristig eine Menge Arbeitsplätze zu schaffen, womit Schröder der Volkswirtschaft einen bleibenden Dienst erwiesen hat. Es lässt sich aber von der Linken dauerhaft instrumentalisieren, dass viele der neuen Jobs unsicher und schlecht bezahlt sind. Schröders Reformen fehlte der soziale Ausgleich.

Die Linke hat sich dauerhaft in den Parlamenten etabliert. Man kann ihr zugutehalten, dass sie die Spaltung der Gesellschaft zum Thema macht. Man muss ihr verübeln, dass sie kein Konzept vorlegt, wie sich die Spaltung bekämpfen lässt, ohne durch platte Umverteilung die Marktwirtschaft zu schwächen.

So unterschiedlich AfD und Linke einzuschätzen sind: Ihr Erfolg lässt sich auch aus Unzufriedenheit in der Gesellschaft erklären. 38 Prozent der AfD-Wähler fühlen sich von der Wohlstands-Entwicklung abgehängt. Nur bei einer einzigen anderen Partei ist der Anteil ähnlich hoch: bei Wählern der Linken.[9]

In der hektischen aktuellen Diskussion fehlt oft der Blick auf die längere Entwicklung, der die momentane Situation besser verstehen hilft. Das vergangene Vierteljahrhundert brachte ungewöhnlich viele Belastungen und Zumutungen, die sich den Deutschen eingegraben haben und viele wütend machen. Der Zusammenbruch der DDR brachte den Ostdeutschen zwar materiellen Wohlstand, aber er nahm ihnen die Jobgarantie, die ihr Leben sicher und berechenbar machte. Den Westdeutschen brachte die Wiedervereinigung hohe finanzielle Kosten, die nach verschiedenen Schätzungen bei 1,5 Billionen Euro liegen. Mit 20 000 Euro pro Bundesbürger ist das mehr, als die ärmere Bevölkerungshälfte im Schnitt an Vermögen hat.

Dazu kommt die Globalisierung, die das Tempo erhöht und beruhigende Gewissheiten wie die lebenslange sozialversicherte Vollzeitstelle angreift. Ab der Jahrtausendwende verzichteten die Arbeitnehmer jahrelang auf nennenswerte Lohnsteigerungen. Sie feuerten so die Exporte an. Für den Einzelnen aber bedeutete das oft, dass seine Familie nicht mehr oder sogar weniger zur Verfügung hatte als zuvor. Dazu kam auch noch die Finanzkrise, die eine groteske Umverteilung manifestierte. Die Banken schütteten Milliarden an Boni für Geschäfte aus, deretwegen sie anschließend der Steuerzahler retten musste. Ökonomen beziffern die Kosten nur für den Bundeshaushalt allein in den ersten zwei Jahren auf 200 Milliarden Euro oder 2500 Euro pro Bürger.[10] Doch wie das Bankerpaar mit Blick auf den Starnberger See wurde fast kein Banker zur Rechenschaft gezogen oder musste auch nur seine Boni zurückzahlen – ein Schlag ins Gesicht der übrigen Bevölkerung.

Und dazu kam auch noch die Krise des Euro, den viele Deutsche nicht wollten. Für die Stützung von Griechenland, Irland, Portugal, Zypern und Spanien, die jahrelang über ihre Verhältnisse gelebt hatten, standen die Bundesbürger mit Milliardenkrediten gerade. Und die werden mindestens im Fall von Griechenland mit Sicherheit nicht voll zurückgezahlt.

Um sich klarzumachen, wie tief die Unzufriedenheit wurzelt, sollte man noch mal die ökonomische Bilanz seit den 90er Jahren betrachten. Die unteren 40 Prozent der Deutschen hatten 2012 real weniger Einkommen in der Tasche als zur Jahrtausendwende. Viele sind in unsicheren, schlecht bezahlten Jobs gefangen. Und das Einkommen der Mittelschicht stagniert vielfach. Die Menschen in der unteren Mittelschicht der Industrienationen sind die Verlierer der Globalisierung, beobachtet der Ökonom Branko Milanović: »Der größte Teil der westlichen Bevölkerung ging leer aus.« Besonders viele seien in den USA und Japan betroffen – und in Deutschland.

In den unteren Schichten der Bundesrepublik hat das einen tief empfundenen Frust bewirkt, der zu Wahlverweigerung führt. Sozial benachteiligte Milieus sind im Wahlergebnis um bis zu ein Drittel unterrepräsentiert, ermittelt der Forscher Robert Vehrkamp. Ihr Anteil an den Nichtwählern ist doppelt so hoch wie ihr Anteil an der Bevölkerung.[11] Damit berauben sie sich der Chance, die Gesellschaft stärker nach ihren Bedürfnissen zu gestalten – die Agenda bestimmen gut organisierte Besserverdiener und Firmen. In den vergangenen Monaten zeigte sich eine neue Entwicklung: Die AfD konnte besonders viele Nichtwähler auf ihre Seite ziehen.

Noch gefährlicher ist die Wirkung der Ungleichheit auf die Mittelschicht, in der sich ebenfalls reichlich Unzufriedenheit angesammelt hat. Zu den stagnierenden Einkommen addiert sich der Frust, mit den eigenen Steuern reichlich zu zahlen und trotzdem scheinbar wenig dafür zu bekommen: Straßen und Schulen bröckeln vor sich hin. Und vor der aktuellen Einbruchswelle fühlen sich zahlreiche Bürger schlecht geschützt. Viele in der Mittelschicht plagt die Angst vor dem Abstieg – dem eigenen oder dem der Kinder. »Die Mitte träumt von einer Stunde null«, warnt der Göttinger Politologe Franz Walter. »Sie sehnt sich nach einem radikalen Neuanfang der politischen Institutionen.«[12]

Das muss jeden alarmieren, der die zentrale Funktion der Mitte für die Gesellschaft kennt. »Die Mittelklasse sorgt für Demokratie und Stabilität«, schreibt Branko Milanović, Autor des Buchs *Die ungleiche Welt.* »Angehörige der Mittelschicht neigen dazu, Extremismus von rechts und links aus dem Weg zu gehen.« Doch nun kommt etwas ins Rutschen. Ob Trump, Le Pen oder die AfD: »Der Aufstieg dieser Personen und Gruppierungen geht einher mit dem Niedergang der Mittelschicht in praktisch allen Industrieländern.«

Die westlichen Demokratien erleben gerade ein Erdbeben.

2016 glaubte lange Zeit niemand, Europas zweitgrößte Wirtschaftsnation Großbritannien würde sich von der EU lossagen. Und vor allem glaubte niemand, dass eine Figur wie Donald Trump ernsthafte Chancen hätte, amerikanischer Präsident zu werden. Nun ist jemand in das mächtigste Amt des Erdballs gewählt worden, der seinen Sieg auf der Diffamierung von Mexikanern, Moslems und Chinesen aufgebaut hat. Der seinen Sieg auf dem unhaltbaren Versprechen einer Abschottung gegen die Globalisierung aufgebaut hat. Der nachweislich pathologisch lügt. So ein Erdbeben haben die westlichen Demokratien seit dem Zweiten Weltkrieg nicht erlebt.

Was wird jetzt noch kommen? Der Front National sammelte bei den französischen Regionalwahlen 40 Prozent der Arbeiterstimmen ein. Die AfD gewann bei der Landtagswahl in Baden-Württemberg unter Arbeitern 25 Prozent. In Sachsen-Anhalt waren es 36 Prozent[13]. Dabei scheint es keinen Wähler zu stören, dass all diese Populisten nur Parolen offerieren, keine ernsthaften Lösungen.

Die Deutschen werden regelmäßig gefragt, für wen sie bei der Bundestagswahl votieren werden. Addiert man die Zustimmung zu AfD und Linke, auch wenn die Parteien einiges unterscheidet, zeigt sich das Ausmaß des Protests: Beide errangen 2016 zusammen meist 22 bis 27 Prozent. Damit waren sie im Regelfall stärker als die Volkspartei SPD, die einstige Partei der kleinen Leute.

Es ist ein Erdbeben.

Dieses massive Zeitenbeben verschlechtert das Leben in den Industriestaaten auf mehrere Arten. Überall wo die Populisten tatsächlich die Macht erringen, transformieren sie die Politik. Wie in Großbritannien, das als erstes Land überhaupt aus der Europäischen Union austritt. Im Gefolge des Brexit-Votums verschärft die Regierung den Ton gegen Ausländer, denen sie Arbeits- und Studienplätze wegnehmen will. Unternehmen sollen wie in einer Diktatur melden, wie viele Ausländer sie beschäftigen, so zeitweise der Plan. Dabei waren die Briten stets betont weltoffen. Einer wie der Energiebroker Martin Wellman hat in den USA studiert. Seine Studienfreunde treten ihren ersten Arbeitsplatz mit einer Selbstverständlichkeit in Hongkong oder Singapur an, die es in Deutschland nicht gibt. Die Briten waren stets besonders offen für freien Handel, Globalisierung und Migration. Inder und Nigerianer gehörten in London schon zum Straßenbild, als türkische Gastarbeiter in Deutschland noch selten waren. Nun geht alles den Bach hinunter.

Noch dramatischer ist der Wahlsieg von Donald Trump. Zwar schlägt der gnadenlose Populist nach seinem Erfolg auch sanftere Töne an. Manche, die ihn wie sein Ghostwriter Tony Schwartz gut kennen, sagen ohnehin, dass es Trump nur ums Ego geht, nicht um politische Inhalte.[14] Dagegen steht, was Trump alles angekündigt hat. Die Deportation von Millionen Migranten. Einreiseverbote für Muslime. Eine Mauer zu Mexiko. Strafzölle von 40 Prozent auf ausländische Importe und den Austritt aus der Welthandelsorganisation. Und noch mehr Steuersenkungen für Reiche. »Die größten Befürworter Trumps werden seine größten Opfer sein«, erwartet der Amerikaner Dennis Snower, Präsident des Instituts für Weltwirtschaft.[15]

Dass Populisten die Macht erringen wie in den USA oder beim Brexit, stellt zweifellos die größte Gefahr dar. Aber es ist nicht die einzige. Je mehr Abgeordnetensitze extreme Parteien wie die AfD erhalten, desto mehr schrumpfen die Chancen der anderen Parteien, Koalitionen für seriöse Politik zu bilden. In der Bundesrepublik gab es solche Flickenteppich-Parlamente bisher nicht. Aber das ändert sich gerade. Staaten wie Italien kennen solche Parlamente, in denen das Buhlen um Wähler zukunftsorientierte Politik verdrängt – mit der Folge, dass das ganze Land wirtschaftlich zurückfällt.

Der dritte Schaden, den Populisten verursachen, ist ihr Einfluss auf die anderen Parteien. Und der lässt sich schon erkennen. Weltweit attackieren die großen Vereinfacher vor allem zwei Dinge: »Sie wollen die Globalisierung rückgängig machen und die Migrationsströme stoppen«, erkennt Branko Milanović. »Das ist der gemeinsame Nenner.« Die Ablehnung von Freihandel und Migration, der beiden sichtbarsten Kennzeichen der Globalisierung, ist bei jenen Wählern besonders ausgeprägt, die sinkende Einkommen verzeichnen und das Gleiche für ihre Kinder erwarten, registriert eine Studie der Beratungsfirma McKinsey.[16] Diese Haltung verwandelt die Politik.

In amerikanischen Regionen mit vielen chinesischen Importen verloren bereits in den Nullerjahren gemäßigte Kandidaten häufig ihren Sitz an linke Demokraten oder sehr konservative Republikaner.[17] Das lieferte die Blaupause für Donald Trump, mit Zöllen auf chinesische Importe im Wahlkampf zu punkten. Und seit Trump China attackierte, ging Hillary Clinton spürbar auf Distanz zu Handelsabkommen wie dem bereits ausgehandelten Pazifikvertrag TPP und dem US-europäischen TTIP.

In Frankreich trommelt Marine Le Pen vom Front National, eine aussichtsreiche Präsidentschaftskandidatin, vehement gegen TTIP. Es kann kaum ein Zufall sein, dass Präsident François Hollande, der das Abkommen 2013 absegnete, genau ein Jahr vor der Wahl ebenfalls auf einen kritischen Kurs einschwenkte. In Deutschland zeigt die von rechts wie links kommende Ablehnung von TTIP ebenfalls Wirkung auf etablierte Parteien – wie sich am Schwenk von SPD-Chef Sigmar Gabriel von einem klaren Pro-TTIP-Kurs zu einem Eher-nicht-Kurs erkennen lässt. Gabriel schreibt das Abkommen offiziell ab.

Der Streit um TTIP zeigt beispielhaft, was der Populismus zerstört. Ein solches Freihandelsabkommen zwischen den beiden größten Wirtschaftsblöcken der Welt bildet die Basis dafür, dass Unternehmen mehr exportieren können. Natürlich müssen Regierungen die Sorgen der Kritiker ernst nehmen und Europas Umwelt- und Sozialstandards verteidigen. Das Abkommen lässt sich so aushandeln, dass ein ökonomischer Vorteil entsteht, ohne Europas Standards zu opfern. Das sind die Regierungen ihren besorgten Bürgern schuldig. Es wäre aber ein fataler Fehler, grundsätzlich auf ein Abkommen wie TTIP und auf mehr Freihandel zu verzichten. Es ist die Öffnung von Grenzen und Märkten seit Beginn der Industrialisierung im 19. Jahrhundert, die den Menschen im Westen einen historisch nie gekannten Wohlstand beschert hat. Die Globalisierung hält diesen Motor am Laufen – gerade in der Bundesrepublik. Anfang der 90er Jahre machten Exporte erst gut 20 Prozent der deutschen Wirtschaftsleistung aus. Inzwischen sind es fast 50 Prozent. Das steht auf dem Spiel. Die Anti-Kampagne in Europa und der Wahlsieg Trumps machen TTIP nun sehr unwahrscheinlich.

Natürlich müssen die Regierungen anders mit der Globalisierung umgehen als bisher, um die zunehmende Ungleichheit zu bekämpfen. Sie müssen die Früchte des weltweiten Booms stärker verteilen. So, dass nicht in erster Linie Vermögende und Konzerne profitieren, sondern die ganze Gesellschaft, die Mittelschicht ebenso wie Geringverdiener. Das bedeutet aber nicht, dass es richtig wäre, die Globalisierung selbst zu stoppen, wie es die Populisten fordern. Wer das tut, verstopft die Quellen des Wohlstands. Er schrumpft den Kuchen, den es besser aufzuteilen gilt. Er löst eine Abwärtsspirale der Abschottung aus, die am Ende alle in der Gesellschaft zu Verlierern stempelt.

Abschottung ist in der Geschichte immer wieder krachend gescheitert. Als China im 15. Jahrhundert seine riesige Entdeckerflotte einmottete, während Christopher Kolumbus mit ein paar Schiffchen nach Amerika aufbrach, begann der lange Abstieg des Reichs der Mitte. Als die westlichen Staaten mit dem Ersten Weltkrieg abrupt die erste Phase der Globalisierung beendeten, kappten sie eine wirtschaftliche Verflechtung, die sie erst 80 Jahre später wieder erreichten. Als die westlichen Regierungen in den unruhigen 20er Jahren ihre Märkte abschotteten, entfachten sie die Weltwirtschaftskrise erst richtig. Massenarbeitslosigkeit und das Schüren von Feindbildern ebneten Adolf Hitler den Weg.

Nun schwenken Politiker wieder auf einen falschen Weg ein, mahnt Simon Evenett von der Uni St. Gallen, der beim Global Trade Alert Protektionismus untersucht: »Viele Regierungen wenden sich einer Politik zu, die Märkte hemmt, statt Wachstum zu fördern.«[18]

Um die AfD und andere Populisten zu bremsen, wäre es genau das Falsche, ihre Strategie des schlichten Neins nachzuahmen. Sie lassen sich nur mit einer anderen Politik bremsen – einer, die die Früchte der Globalisierung an die ganze Bevölkerung in den Industriestaaten verteilt (Näheres in den Kapiteln *Zeit für einen neuen Gesellschaftsvertrag* und *Umsteuern, um das Land gerechter zu machen*). Von einer solchen Politik sind die etablierten Parteien in Deutschland und anderswo weit entfernt. Indem sie die wachsende Ungleichheit und Unzufriedenheit ignorieren, machen sie die Populisten groß.

Wie viel größer die Populisten noch werden und wie viel sie zerstören, ist die entscheidende politische Frage der Zeit. Es steht die Warnung der Historikerin Anne Applebaum im Raum, der Westen sei nur noch zwei, drei falsche Wahlsiege vom Ende der Europäischen Union und vom Ende der Weltordnung entfernt, wie wir sie kennen. Der Brexit war der erste falsche Wahlsieg, die Wahl von Donald Trump ist der zweite. Die Globalisierung und ihre sozialen Folgen leisten »eher autoritären als demokratischen Verfassungen Vorschub«, warnte der Soziologe Ralf Dahrendorf bereits vor zwanzig Jahren. »Ein Jahrhundert des Autoritarismus ist keineswegs die unwahrscheinlichste Prognose für das 21. Jahrhundert«.[19]

Es lässt sich nur darüber spekulieren, wie sich ein ungebremster Trend zur Ungleichheit noch auswirken wird. »Die Gründerväter der USA glaubten, dass die Demokratie bei so einem Ausmaß der Ungleichheit nicht überleben könne«, prophezeit der Harvard-Ökonom Richard Freeman.[20] Die Gefahr ist umso größer, als bei vielen Menschen erst langsam einsickert, wie groß die Unterschiede geworden sind. »Der Mittelstand wurde manipuliert«, analysiert Branko Milanović. »Der Mittelstand überschätzte seine Chancen, sozial aufzusteigen.« Erst durch die Finanzkrise habe die Mittelschicht begonnen zu verstehen, wie schlecht es ihr geht.

Viele Deutsche wissen noch gar nicht, wie ungleich es in ihrem Land zugeht. Ein Beispiel dafür sind die Managergehälter. Die Bundesbürger denken, der Vorstandschef eines großen Konzerns verdiene etwa das 17-Fache eines unqualifizierten Arbeiters, ermittelte der Harvard-Forscher Michael Norton. In Wahrheit verdient er eher das 150-Fache. Was löst es aus, wenn dieser gigantische Unterschied den Menschen bewusst wird? Zumal sie sich ein Lohn-Verhältnis wünschen, dass noch viel niedriger liegt als das 17-Fache, das sie für die Realität halten. Denn sie wünschen sich, dass der Manager nicht mehr als das Siebenfache kassiert.[21]

Was ist, wenn solche Diskrepanzen mehr und mehr Menschen klarwerden? Das deutsche Wirtschaftsmodell ist selbstverständlich darauf aufgebaut, dass das Heer der Arbeitnehmer klaglos funktioniert: engagiert im Beruf sein, obwohl vom Lohn wenig hängenbleibt. Brav an ein anonymes Riesengemeinwesen Steuern und Rentenbeiträge zahlen, deren Gegenleistung nur indirekt zu spüren ist oder erst Jahrzehnte später winkt. Doch wenn mehr und mehr Menschen das Gefühl bekommen, dass sie stagnieren, während Reiche immer reicher werden und dabei noch bei der Steuer davonkommen: Dann gerät das ganze Modell ins Wanken. Die Mittelschicht in ihrer breitesten Definition zahlt 75 Prozent der Steuern und 90 Prozent der Sozialbeiträge.[22] Warum sich abrackern, wenn es sich nicht zu lohnen scheint und der Aufstieg versperrt bleibt? Wenn immer mehr Deutsche sich das fragen, könnte das Demokratie und Marktwirtschaft sprengen.

New-York-Times-Kolumnist Roger Cohen stößt eine düstere Prophezeiung aus: »Die Wut im Westen zeigt, dass weitere zwei Jahrzehnte neoliberaler, Belohnt-die-Reichen-, Vertraut-der Globalisierung-Politik zum sozialen Kollaps führen wird.«

Noch können Politiker und Bürger verhindern, dass Ungleichheit ihre Gesellschaft zerstört.

Sie dürfen nur nicht damit warten.

Es wird Zeit für einen neuen Gesellschaftsvertrag.

11.
Zeit für einen neuen Gesellschaftsvertrag

Deutschland ist ein gespaltenes Land geworden. Während die Reichen immer reicher werden, stagnieren die Einkommen der unteren Hälfte. Die Mittelschicht schrumpft, der Aufstieg ist schwierig geworden. Und die Masse verfügt über keine nennenswerten Ersparnisse. Zwei Drittel der deutschen Ökonomen konzedieren, dass die Ungleichheit zugenommen hat.[1] In vielen Industriestaaten hat jene Hälfte der Gesellschaft, die nur einen Bruchteil des Vermögens besitzt, zuletzt kaum vom Wachstum profitiert, kritisiert die OECD: »Wenn so etwas passiert, zerfasert das soziale Gefüge.«[2]

Es ist Zeit für die etablierten Parteien, in Deutschland einen neuen Gesellschaftsvertrag zu verankern, der den wirtschaftlichen Erfolg besser aufteilt. Bevor sich der Frust entlädt. Viele Gutverdiener haben noch nicht begriffen, wie sehr auch sie profitieren, wenn es gerechter zugeht. Sozialer Frieden ist in Deutschland zu selbstverständlich geworden – jene auf der Sonnenseite denken, sie müssten nichts mehr dafür tun. Dabei ist der Kurs der Globalisierung, der deutschen Firmen eine sagenhafte Expansion erlaubte, längst gefährdet. Linke und rechte Politiker in Europa und den USA wollen ausländische Waren an der Grenze aufhalten und neue Freihandelsverträge wie TTIP stoppen. Populisten wie die AfD schüren die Stimmung gegen Flüchtlinge und alles Fremde, was ein

Klima der Abschottung nährt. »Eine Politik, die freien Welthandel und offene Finanzmärkte fördert und fordert, ist gut beraten, die Verlierer der Globalisierung nicht zu übersehen«, warnt der langjährige Wirtschaftsweise Bert Rürup. »Sonst droht sie den Rückhalt in der Bevölkerung zu verlieren.«[3] Die etablierten Parteien unterschätzen, welche Unzufriedenheit sich im Land angesammelt hat. Und wie sie das Funktionieren des Gemeinwesens bedroht, an das sich alle zu sehr gewöhnt haben. Es ist Zeit zu handeln, bevor die Fundamente einstürzen – es ist Zeit für einen neuen Gesellschaftsvertrag.

Ein neuer Gesellschaftsvertrag definiert die Regeln anders. Er kümmert sich um die Mittelschicht. Er befähigt die ärmere Hälfte der Gesellschaft, mehr zu verdienen. Er beseitigt falsche Strukturen, so dass eine gute Ausbildung unabhängig von der Herkunft möglich wird. So dass auf die individuellen Bedürfnisse benachteiligter Kinder, Arbeitsloser oder Flüchtlinge eingegangen wird, statt sie zu verwalten. Diese Veränderungen kosten nur teilweise Geld, aber sie müssen gewachsene Widerstände überwinden (Genaueres in den Kapiteln *Wie Sackgassen zu Chancen werden* und *Der Staat als Partner*).

Die Ungleichheit zeigt, welche Defizite vorhanden sind – und welcher Überfluss der wenigen anders verteilt werden kann. Ein neuer Gesellschaftsvertrag verteilt deshalb auch in gewissem Maß um. Mehr Lebenschancen für die, die Defizite haben. Bezahlt von den Firmen und Reichen, die es sich leisten können und wieder stärker zum Gemeinwesen beitragen sollten. Bei der Linderung der Defizite geht es nicht nur um die offiziell Armen, sondern auch um viele andere Menschen. Jene, denen es an Qualifikation oder Verhandlungsmacht fehlt, um respektabel zu verdienen. Jene, die keine anständige Wohnung haben, denen ein Alter in einem billigen Pflegeheim bevorsteht. Ungleichheit nimmt Lebenschancen.

Wenn der Staat Defizite ausgleicht, können sich Bürger oft selbst in den Stand versetzen, mehr vom Leben zu haben. Indem der Staat zum Beispiel flächendeckend günstige Kitas anbietet, damit sich Mütter im Berufsleben etablieren und Kinder die Förderung erfahren, die ihnen den Berufsweg erleichtert. Indem er sich um die Qualifikation seiner Bürger sorgt in einer Epoche, da Computer und Roboter Arbeitsplätze wegrationalisieren könnten wie nie.

Gleichzeitig verschafft ein neuer Gesellschaftsvertrag der ärmeren Hälfte mehr Eigentum. Eigentum ermöglicht Freiheit, die einem niemand nehmen kann. Der Freiheitsbegriff ist endlich jenen Liberalen zu entreißen, die ihn als Überholspur für Menschen benutzen, die sich ohnehin durchsetzen. Der Nobelpreisökonom Angus Deaton propagiert stattdessen die Freiheit, ein gutes Leben zu leben und die Dinge zu tun, die es lebenswert machen. Armut, Mangel und schlechte Gesundheit bedeuten in dieser erhellenden Definition die Abwesenheit von Freiheit.[4] Freiheit wäre dann nicht mehr, sich einfach zu bedienen wie die Banker, die dreist ihre Boni maximieren, um anschließend die Gesellschaft für ihre Pleite bezahlen zu lassen. Freiheit wäre ein Ziel für alle. Viele Menschen erlangen die Freiheit eines guten Lebens jedoch erst, wenn ihnen – etwa durch Eigentum – dazu verholfen wird.

Durch Eigentum kann jemand Probleme aus der Vergangenheit kompensieren und seine Zukunft angenehmer gestalten. Er kann Geld für seine Qualifikation ausgeben, für seine Gesundheit, eine eigene Wohnung. Er hat einen

Puffer, um Schicksalsschläge, Krankheiten und Trennungen aufzufangen, Angehörigen zu helfen und ein möglichst komfortables Alter vorzubereiten.

Der Staat verschafft Bürgern mehr Eigentum, indem er Normalverdienern mehr Netto vom Einkommen ermöglicht. Indem er die Macht der Arbeitnehmer stärkt, anständige Löhne auszuhandeln. Indem er das Wohneigentum nach dem Vorbild der hausbesitzenden Briten und Südeuropäer steigert. Und eine völlig neue Vermögenspolitik konzipiert, die breite Massen an den Gewinnen der Unternehmen teilhaben lässt (Genaueres in den Kapiteln *Umsteuern, um das Land gerechter zu machen* und *Macht Arbeiter zu Kapitalisten, bevor sie Sklaven werden*).

Ein neuer Gesellschaftsvertrag sollte sich nicht mit Allgemeinplätzen zufriedengeben. Sondern quantifizierte Ziele formulieren, die er nach und nach erreichen will. Derzeit studieren mehr als drei Viertel aller Akademikerkinder, aber nicht mal ein Viertel der Arbeiterkinder. Die Gesellschaft sollte festlegen, wie viel mehr Arbeiterkinder in fünf Jahren und zehn Jahren einen Uniabschluss oder einen Meisterbrief machen sollen. Ein anderes Beispiel: Derzeit wohnen nur 40 Prozent der Deutschen in einer eigenen Immobilie, aber 80 Prozent der Spanier. Die Gesellschaft sollte festlegen, wie viele Deutsche in fünf und zehn Jahren ihr Heim besitzen sollen.

Die Formulierung von Zielmarken erhöht die Aufmerksamkeit für die Aufgabe, um die es geht. Sie befeuert die öffentliche Debatte. Und wenn die Marken verfehlt werden, lässt sich mit Gewinn untersuchen, welche Instrumente funktionieren und welche versagen.

Ein neuer Gesellschaftsvertrag, der der unteren Hälfte der Habenichtse mehr Chancen gewährt und dadurch Gutverdienern sozialen Frieden verheißt: Das ist die Strategie, um Populisten wie die AfD zu stoppen. Diese Strategie sollten die etablierten Parteien vor und nach der Bundestagswahl im Herbst verfolgen. Denn es geht um eine langfristige Aufgabe, nach Jahrzehnten, in denen die Politik die Ungleichheit ignorierte.

Bisher allerdings wirken selbst jene Parteien unentschieden, die sich traditionell am stärksten für soziale Gerechtigkeit interessieren. Die SPD hat mit Mindestlohn und Mietpreisbremse zuletzt Wichtiges durchgesetzt. Aber daraus ergibt sich noch keine schlüssige Gesamtstrategie. Mit knapp über 20 Prozent schickt sich die SPD an, ihren Status als Volkspartei zu verlieren. Um das zu verhindern, müsste sie mit Macht ihren Kurs ändern.

Noch immer identifizieren sie viele Wähler damit, dass sie unter Kanzler Schröder den Sozialstaat reformierte und dadurch zwar mehr Arbeitsplätze schuf, aber die soziale Balance aus dem Auge verlor. Es war eine SPD-Regierung, die den Spitzensteuersatz senkte wie keine andere. Und ein SPD-Finanzminister, der den Reichen die Steuer auf Kapitalerträge halbierte. Auch das Wuchern des Niedriglohnsektors ging zu weit. Das alles hat sich die Partei selbst zuzuschreiben. Nur wenn die SPD einen konsequent anderen Kurs einschlägt, wird sie wieder glaubwürdig.

Die Grünen erlitten bei der Bundestagswahl 2013 einen Dämpfer, als sie Steuererhöhungen forderten, die viele Bürger mit gar nicht so hohen Einkommen getroffen hätten. Jetzt zögert die Partei, sich der sozialen Gerechtigkeit zu verschreiben. Als Kraft, die das Land verändert, fällt sie damit vorerst aus.

Und die Linkspartei? Sie formuliert plakative Ziele, die in den Ohren der Verlierer gut klingen. Aber sie legt kein Konzept für Umverteilung vor, das die Antriebskräfte des Wachstums erhalten würde.

Das alles macht es der Union einfach, weiterhin wahltaktisch auf Sozialthemen zu surfen, ohne ernsthaft gegen die Ungleichheit vorzugehen.

Es hat einen Grund, warum selbst die traditionell sozialer Gerechtigkeit verpflichteten Parteien so unentschieden auftreten. Dazu muss man die geschichtliche Entwicklung seit dem Zweiten Weltkrieg betrachten. Nach Jahrzehnten des sozialen Ausgleichs setzte sich in den 80er Jahren der Liberalismus durch. Angefacht von Ronald Reagan und Margaret Thatcher, nachempfunden von Helmut Kohl. Weniger Staat, weniger Einfluss für Gewerkschaften und weniger Steuern für Reiche. Niemand sollte unterschätzen, wie sehr diese Denkweise die deutschen Parteien noch im Griff hat.

Mit dem Sieg des Neoliberalismus begannen die Staaten, die Effekte des Marktes, die soziale Ungleichheit mit sich brachten, weniger zu korrigieren. Mehr Ungleichheit wurde zum Trend. Umverteilung wurde als ineffizient und wohlstandsgefährdend abgestempelt. Der Liberalismus eroberte die Hoheit über die Begriffe: Wer den größer gewordenen Reichtum besteuern will, leidet unter Sozialneid. Wer ein schönes Leben für die ganze Bevölkerung anstrebt, ist ein Gutmensch.

Gleichzeitig attackieren konservative Kräfte den Staat, der für sozialen Ausgleich sorgen könnte. Beispielhaft formuliert das der US-Lobbyist Grover Norquist, der republikanischen Abgeordneten seit 30 Jahren das Versprechen abnimmt, auf keinen Fall Steuern zu erhöhen: »Ich will den Staat gar nicht abschaffen. Ich will ihn nur so klein machen, dass ich ihn ins Badezimmer zerren und in der Badewanne ertränken kann.«

Die Globalisierung hat die Ungleichheit weiter verschärft. »Globalisierung bedeutet, dass Konkurrenz groß- und Solidarität kleingeschrieben wird«, erkannte der Soziologe Ralf Dahrendorf. Ungleichheit ist zum herrschenden Phänomen geworden. Als ob es selbstverständlich wäre, dass die einen immer mehr haben und die anderen stagnieren. Diese Selbstverständlichkeit nutzen gut organisierte Interessengruppen, um die Parteien unter Druck zu setzen und ihre Besitzstände zu verteidigen.

Ein Beispiel dafür sind US-Konzerne von Facebook und Amazon bis Google, die Europas Regierungen gegeneinander ausspielen, um möglichst wenig Steuern zu zahlen. Ein anderes Beispiel dafür sind die Familienunternehmer, die die ganze Bundesregierung zu kapern vermochten, um Betriebe weiterhin weitgehend steuerfrei zu vererben – damit Minderjährige weiter zu Multimillionären werden, ohne der Gesellschaft von dem abzugeben, was sie ohne Leistung erlangen.

Unter dem liberalistischen Selbstverständlichkeitssturm sind die linkeren Parteien zu gesichtslosen Mitte-Parteien deformiert, die der Ungleichheit nicht mehr entgegentreten. »Mitte-Politik schleift die Maßstäbe, die festen Orientierungspunkte, die unzweideutigen Wertvorstellungen«, analysiert der Göttinger Politikforscher Franz Walter. »Diese Dialektik erlebten erst Sozialdemokraten, dann Grüne, zwischenzeitlich auch Linke in den Länderregierungen allesamt: Als Links- und Reformismusformationen hatten sie wohl feste Maßstäbe, aber nicht die Mehrheiten, um das Land politisch zu durchdringen. Als Mitte-Partei wiederum erreichen sie zuweilen zwar die Mehrheit, aber besitzen nicht mehr die fest umrissenen Maßstäbe, um das Land zu prägen.«[5]

Wer in Deutschland etwas ändern will, muss die Parteien wieder aus dem Würgegriff des Liberalismus befreien. Indem er herausarbeitet, wie viel besser es für die Mehrheit der Menschen vor dem Siegeszug des Liberalismus lief. Ja, auch in den Dekaden zwischen dem Zweiten Weltkrieg und den 80er Jahren entwickelten sich die Einkommen auseinander, die Kapitalisten, Manager und Arbeitnehmer am Markt erzielten. Doch die Ungleichheit dessen, was jedem am Ende im Portemonnaie blieb, nahm nicht zu. Sondern ab. Der wesentliche Grund für die Verringerung der Ungleichheit war bewusstes Handeln: Der Staat verlangte von Gutverdienern hohe Steuern und baute den Wohlfahrtsstaat aus, die Gewerkschaften handelten höhere Löhne aus. So schrumpfte der Anteil, den die ein Prozent ausmachenden Reichsten in Staaten wie Frankreich, Dänemark oder Schweden am Gesamtvermögen aller Bürger hatten, um ein Drittel bis die Hälfte. In Deutschland ging die Ungleichheit der Einkommen von Anfang der 60er bis Mitte der 80er Jahre deutlich zurück. Ludwig Erhards Parole »Wohlstand für alle« galt tatsächlich.

Und heute? Nach Jahrzehnten des Liberalismus und der Globalisierung ist die Bundesrepublik wieder so ungleich wie Anfang der 60er Jahre.[6] Deshalb ist es Zeit, die Parteien wachzurütteln. Und an die lange Erfolgsgeschichte der Nachkriegszeit anzuknüpfen, als der Staat die Unterschiede zwischen Arm und Reich entschieden reduzierte. Wer das tut, muss nicht zu den leistungsbremsend hohen Steuersätzen mancher Jahre zurückkehren. Es geht darum, auf Bedürfnisse zu achten. Armut, konstatiert die UNO, bemisst sich nicht allein am Einkommen. Sondern auch am Bildungsniveau, an der Teilhabe an der Gesellschaft, an der Lebenserwartung, die für deutsche Geringverdiener zehn Jahre kürzer ist. Wer sich diese Definition zu eigen macht, verfügt über die Rechtfertigung, maßvoll umzuverteilen.

Der britische Ökonom Anthony Atkinson greift das liberale Selbstverständnis an, wonach jedwedes Luxusspielzeug der Reichen unantastbar ist: »Es ist von Bedeutung, dass sich einige Menschen Fahrkarten für Weltraumausflüge leisten können, während andere vor städtischen Tafeln Schlange stehen. Eine Gesellschaft, in der niemand private Abstecher ins All, dafür aber jeder sein Essen in normalen Geschäften bezahlen kann, hätte mehr Zusammenhalt und mehr Sinn für gemeinsame Interessen.« Atkinson verweist darauf, dass in anderen Epochen weit radikaler gedacht wurde, als es heute jemand wagen würde. So postulierte Platon, niemand solle mehr als viermal so viel besitzen wie das ärmste Mitglied der Gemeinschaft.

Auch wenn heute wohl kaum jemand so weit gehen würde wie Platon: Es gibt in der Bundesrepublik ein tiefes Bedürfnis nach einer ausgleichenden Politik, unter den Schwächeren der Gesellschaft genauso wie in der Mittelschicht. Nach einer Studie der SPD-nahen Friedrich-Ebert-Stiftung sind 80 Prozent der Deutschen der Ansicht, dass die Ungleichheit in Deutschland mittlerweile zu groß ist. Angesichts des Kahlschlags der Sozialsysteme, in denen aus Sozialhilfe Hartz IV wurde, kristallisieren sich Abstiegsängste der Mittelschicht, die beim Verlust eines gut bezahlten Jobs bei 400 Euro im Monat zu landen fürchtet. Ein Großteil der Mitte argumentiert inzwischen links von der bisherigen Linie der SPD, zitiert der Politologe Walter aus Befragungen: Sie kritisiert Leih- und Zeitarbeit, favorisierte schon lange ordentliche Mindestlöhne und schreckt nicht mal vor Verstaatlichungen zurück. »Der Mitte fehlen inzwischen verbindliche Orientierungsmarken eines vernünftigen Zusammenlebens.«

Diese Orientierungsmarken gibt den Bürgern ein neuer Gesellschaftsvertrag zurück.

Ein solcher Vertrag wird nur mit der linken Volkspartei SPD gelingen. Um ihre Glaubwürdigkeit zurückzugewinnen, müsste die SPD einräumen, dass sie dem Land durch die rot-grünen Reformen der Jahrtausendwende zwar einen Dienst erwies, dabei aber die soziale Balance vernachlässigte. Dann müsste sich die Partei klar zu sozialem Ausgleich bekennen. Unternehmensberater würden sagen: Zu ihrem Markenkern. In der heutigen Zeit heißt das etwa: Zu Arbeitsplätzen, durch die Arbeitnehmer ihren Familien ein Leben bieten können, bei dem es nicht ständig an etwas fehlt. Zu Aufstiegschancen für die nächste Generation. Zu einem Alter ohne Armut. Dabei sollte es möglichst konkret werden: Über wie viel Geld soll eine Familie arbeitender Eltern mindestens verfügen, um wirklich am Wohlstand teilzuhaben? Wie viel Altersvorsorge sollte die Masse mindestens erreichen?

Die SPD würde durch so einen Kurs nicht die Mitte der Wähler verschrecken, die ja auch profitiert. Sie soll ja nicht die Umverteilung maximieren, sondern nachvollziehbare Ziele formulieren. Sie soll nicht mit der Gießkanne sozial sein, wie sie es gerade bei der Rente mit 63 für die gut versorgte aktuelle Seniorengeneration war. Sie soll lieber die künftigen Senioren in den Blick nehmen, denen ein Mix aus höheren Rentenbeiträgen, niedrigeren Renten und fehlgeschlagener Vorsorge droht. Eine solche SPD übernähme für die Gesellschaft die Rolle einer Partei, die über die Bedingungen wacht, die den sozialen Frieden gewährleisten.

Die Grünen könnten im neuen Gesellschaftsvertrag den sozialen Ausgleich entdecken, weil dieser für ein Land ebenso nachhaltig wirkt wie eine gesunde Umwelt. Die Grünen haben weniger Bindungen an Interessenverbände und die Bürokratie als die SPD. Sie könnten als kleinere Partei die Rolle einer Avantgarde übernehmen, die neue Wege zur Reduzierung der Ungleichheit propagiert, während eine Partei mit traditionellen Verflechtungen wie die SPD mehr Rücksichten nehmen muss. Die grüne Wählerklientel, öfter gut verdienende Akademiker mit Gewissen, könnte Vorbild spielen: Warum jeder, der es sich leisten kann, etwas abgeben soll, weil vom sozialen Ausgleich am Ende die ganze Gesellschaft profitiert.

Diese Logik, wonach sich sozialer Ausgleich für alle auszahlt, könnte den neuen Gesellschaftsvertrag auch für die Union attraktiv machen. Die Partei formulierte unter ihren Gründern nach dem Zweiten Weltkrieg explizit soziale Anliegen, die allerdings in ihrer weiteren Geschichte oft an den Rand gedrängt wurden. Es bleibt abzuwarten, ob sich die Union vom Themensurfing zu einer ernsthaften Auseinandersetzung mit der Ungleichheit bewegt.

Bleibt als potenzieller Koalitionspartner für rot-grüne Regierungen die Linke, falls sie ihre Programmatik einem Realitätscheck unterwirft. Soziales zu fordern, reicht nicht aus, wenn hinter der Forderung kein Konzept steht, wie sich das in einer Marktwirtschaft umsetzen lässt. Es bleibt abzuwarten, ob die Linke die Vorteile einer Protestpartei aufgeben will, die bei Lösungen im Vagen bleibt. Das erfolgreiche Wildern der AfD bei Linken-Wählern zeigt jedoch die Grenzen eines Protest-Kurses, sobald eine frischere Anti-Partei die Unzufriedenen ködert.

SPD, Grüne, Union, Linke: Es gibt eine Mehrheit für einen neuen Gesellschaftsvertrag, wenn die Parteien sich ernsthaft mit der Herausforderung der Ungleichheit auseinandersetzen. Die Bundestagswahl 2017 könnte ein Anfang dafür sein. Wenn die etablierten Parteien die Unzufriedenheit vieler Deutscher ernst nehmen und Lösungen formulieren, tun sie etwas für das eigene Überleben. Ansonsten können die AfD und andere die Unzufriedenheit ausbeuten, um ein Klima der Feindseligkeit zu schaffen, das die Gesellschaft auseinanderreißt – und den Erfolg als Wirtschaftsnation bedroht. Der Wahlsieg von Donald Trump ist eine mächtige Warnung.

Es ist höchste Zeit, einen neuen Gesellschaftsvertrag zu verankern, um unser Gesellschaftsmodell zu retten. Bald könnte es zu spät sein. Die Bundesrepublik wird in den kommenden Jahrzehnten eher noch ungleicher.

Ausblick: Roboter beherrschen die Welt oder: Es wird noch ungleicher

Autos, die selbst fahren? Und damit Millionen Lkw-Fahrer überflüssig machen? Frank Levy und Richard Murnane waren sich vor einem Jahrzehnt sicher: Computern fällt es schwer, das menschliche Auge nachzuahmen. Deshalb lassen sich Lasterfahrer kaum durch Computer ersetzen, legten die Ökonomen der Eliteunis MIT und Harvard in ihrem damaligen Buch über die neue Arbeitswelt nahe. In dem Kapitel *Warum man immer noch Menschen braucht* schreiben sie: »Vor entgegenkommenden Autos links abzubiegen umfasst so viele Faktoren, dass die Konstruktion von Regeln, die das Verhalten eines menschlichen Fahrers duplizieren, schwer vorstellbar ist.« Ähnlich argumentierte David Autor. Der einflussreiche Arbeitsmarktforscher ordnete das Autofahren ausdrücklich den Berufen zu, die er weit weniger von Automatisierung bedroht sah als Routinejobs in der Fabrik: »Ein Auto durch den Stadtverkehr zu navigieren, fällt den meisten Erwachsenen leicht, ist nach unserer Definition aber kein Routinejob.«

Nur sechs Jahre nach diesen Aussagen verkündete Google 2010, es habe einem Toyota Prius beigebracht, alleine zu fahren. Weitere sechs Jahre später sind selbstfahrende Wagen ein Dauerthema. Als Realität, die die Autobranche völlig umkrempelt und, ja, womöglich Millionen Lkw-Fahrer überflüssig macht. Was nicht nur den Ökonomen Levy und Murnane vor ein paar Jahren schwer vorstellbar schien, fährt heute auf Straßen. Computer und Roboter verändern unseren Alltag in einem Tempo, das den Atem raubt. Gerade entsteht eine Wirtschaft, in der Maschinen überlegen sind. Schachcomputer schlagen den Weltmeister, Algorithmen ersetzen Anwälte und Software diagnostiziert Patienten.

Maschinen könnten den Menschen aus dem Zentrum der Berufswelt verdrängen. Die MIT-Forscher Erik Brynjolfsson und Andrew McAfee legen in ihren Büchern dar, wie Maschinen auf einmal Dinge tun, die bisher Menschen vorbehalten waren.[1] Die Briten Carl Benedikt Frey und Michael A. Osborne schätzen, Maschinen könnten in den nächsten zwei Dekaden jeden zweiten Programmierer überflüssig machen und 95 Prozent aller Sachbearbeiter.[2] Aber wovon sollen die Überflüssigen leben?

Deutschland ist wie andere Staaten schon deutlich ungleicher geworden. Eine Weltherrschaft der Roboter könnte diesen Trend verschlimmern. Und das ist nur eine der Aussichten auf die Zukunft, die skeptisch stimmen. Die Verlagerung von Stellen in Billigländer könnte deutschen Arbeitnehmern noch mehr zusetzen. Außerdem dürfte es sich auswirken, dass die Vermögen so ungleich verteilt sind wie nirgends im Euroraum: Die Gewinne und Erbschaften daraus werden die »happy few« reicher machen, während die Mehrheit zusehen muss. Eine weitere Gefahr: Durch die Alterung der Gesellschaft könnten künftige Rentner mit weniger Geld dastehen – und eine überforderte Arbeitnehmerschaft könnte sich weigern, für die explodierenden Renten-, Gesundheits- und Pflegekosten der Älteren aufzukommen.

Roboter statt Arbeiter, Reiche werden reicher, Armsein

im Alter: Die Ungleichheit droht sich dramatisch zu verschärfen.

Aber ist das vielleicht zu pessimistisch? Das Problem mit Prognosen ist eben, dass sie Prognosen sind. Deshalb muss jede Bedrohung genauer untersucht werden. Was etwa Roboterisierung und Digitalisierung angeht, gibt es optimistische Sichtweisen. Der Arbeitsmarktforscher Joachim Möller malt die Möglichkeiten aus, wenn 50 Milliarden Maschinen digital vernetzbar sind und Produkte aller Art aus dem 3D-Drucker schlüpfen. Seine Argumentation: Deutschland ist bei der Herstellung hochwertiger Konsum- und Chemieprodukte sowie Maschinen stark. Gelingt den Deutschen die Digitalisierung ihrer Stärken, winkt ein neues Wirtschaftswunder.[3] Wäre es nicht sogar positiv, wenn Maschinen dem Menschen schweißtreibende Tätigkeiten abnehmen? Die Befreiung von der Arbeit ist eine alte Utopie.

Optimisten finden die Angst vor den Computern ohnehin übertrieben. Schon oft fürchteten die Menschen um ihre Stellen, meist entwickelte sich etwas Neues. Als im 18. Jahrhundert der mechanische Webstuhl aufkam, zerstörten die englischen Ludditen Maschinen. Am Ende bot die Industrialisierung mehr Arbeitsplätze als zuvor. Und nachdem Jeremy Rifkin in den 1990er Jahren »Das Ende der Arbeit« ausgerufen hatte, stieg die Beschäftigung in den USA auf ein historisches Hoch.

Der Mechanismus schien stets derselbe. Wenn sich ein Produkt durch Maschinen billiger herstellen lässt als durch Arbeiter, fallen zunächst Arbeitsplätze weg. Gleichzeitig werden aber die Produkte billiger. Konsumenten können sich mehr andere Waren kaufen, wodurch Arbeitsplätze entstehen. Erfindungen wie Smartphones schaffen Stellen, die es zuvor nicht gab. Außerdem macht der Einsatz von Maschinen verbleibende Arbeitsplätze produktiver und erhöht so die Löhne. Wenn ein Manager die Ergebnisse seiner Fabrik per Knopfdruck erhält, statt sich durch seitenlange Abrechnungen zu wühlen, schafft er mehr.

Unterm Strich sorgte der technische Fortschritt somit meist für mehr Arbeit und höhere Löhne. Es findet eine Art Wettrennen zwischen Mensch und Maschine statt, das der Mensch gewinnt, solange er sich immer mehr qualifiziert. Wenn die Automatisierung in den vergangenen Jahrzehnten jemanden traf, dann nicht besonders hoch Qualifizierte. Maschinen ersetzten Fabrikarbeiter, Bankautomaten Schalterbanker, Buchungssysteme Buchhalter. Dass diese Menschen häufig nur in schlecht bezahlten Dienstleistungen neue Beschäftigung finden, spielt in der politischen Debatte kaum eine Rolle.

Inzwischen allerdings verändert sich etwas so grundlegend, dass selbst Optimisten ins Grübeln kommen. Auf einmal sind in den USA höher Qualifizierte weniger gefragt. Teils nehmen sie weniger Qualifizierten die Stellen ab. Teils bleiben sie ohne Beschäftigung. Ausgerechnet im Hightechland von Google und Apple verdoppelte sich die Arbeitslosenrate von Akademikern.[4] Einige Ökonomen schreiben es der Digitalisierung zu, dass in jüngsten Wachstumsphasen weniger Arbeitsplätze entstanden sind als früher. In Deutschland sind solche Trends noch nicht zu sehen, aber das beruhigt kaum, räumt Joachim Möller ein: »Aus Erkenntnissen über die Vergangenheit lässt sich nicht folgern, dass eine ähnliche Trendwende wie in den USA nicht auch Deutschland bevorstehen könnte.«

Das Wettrennen gegen die Maschinen wird auf einmal schwierig, weil sie gleichzeitig körperliche und geistige

Berufe ersetzen. Es droht eine Dynamik, die viele Menschen aus anständig bezahlter Arbeit drängt.

Die Mittelschicht hat sich an das Muster des 20. Jahrhunderts gewöhnt, als Automatisierung nur die Schwächeren traf. Dieses Muster ist durchbrochen. Das verstört, weil die Logik so beruhigend war. Es ist wichtig zu verstehen, dass dieses Muster in der Geschichte ohnehin nicht das einzige war. Ende des 18. Jahrhunderts ersetzte der mechanische Webstuhl mit den Webern keine Geringqualifizierten, sondern ausgebildete Handwerker. Zahlreiche Innovationen der Industrialisierung machten Handwerker arbeitslos und verhalfen Ungelernten zu Jobs – das Gegenteil des Musters, das die Mittelschicht abgespeichert hat. Bis ins 20. Jahrhundert ersetzte Automatisierung oft qualifizierte Kräfte. So war das Fließband für die Massenproduktion des Ford Model T speziell für Ungelernte konstruiert.[5]

Maschinen bedrohen also Qualifizierte wie Unqualifizierte. Und was genau geschieht derzeit? Bisher mussten Maschinen festen Regeln folgen, weshalb sie nur Routinejobs ersetzten. Auf einmal können sie viel mehr. Avancierte Roboter entwickeln Sinne und Fertigkeiten, die ihnen ganz andere körperliche Tätigkeiten erlauben, erklären die Briten Osborne und Frey.[6] Sie lernen sehen, fühlen und verstehen. Ein Gerät von General Electric besteigt Windturbinen, um sie instand zu halten. Das Fabrikat El Dulze sortiert am Fließband faule oder zu kleine Salatköpfe aus. Mechanische Kollegen staubsaugen, mähen den Rasen und bringen Klinikpatienten Essen. Millionen Dienstleistungsjobs, die nach dem Verschwinden der Fabrikarbeit die Rettung waren, sind nun in Gefahr.

Gleichzeitig übernehmen die Maschinen geistige Tätigkeiten, die bisher dem Menschen vorbehalten waren. Weil sie auf einmal Muster durchschauen, riesige Datenmengen verarbeiten und Probleme lösen können. Sie begutachten Produkte, überwachen Patienten, beantworten Anfragen. Und sie übernehmen die Tätigkeiten von Akademikern: Sie prüfen rechtliche Fragen, werten Börseninformationen aus, unterrichten in Onlinekursen. Sie machen nicht nur jede Menge Sachbearbeiter und Servicekräfte überflüssig. Sie ersetzen Rechtsanwälte, Ärzte und Professoren, notiert die Ökonomin Dalia Marin – Berufe ganz oben auf der Skala, die nie gefährdet schienen.[7]

Maschinen ahmen die Fähigkeiten des Menschen nach, ohne dessen Bedürfnisse zu haben. Sie essen weder noch schlafen sie oder ratschen mit Kollegen. Sie verlangen keine Freizeit und keine Lohnerhöhung. Im Gegenteil: Roboter werden jedes Jahr um zehn Prozent billiger.

Welche Tätigkeiten bleiben überhaupt für den Menschen? Forscher sind sich einig, dass eine ganze Menge bleibt. Ob Designer, Richter, Ingenieure oder Psychologen: Was mit kreativer Intelligenz, komplexer Beurteilung oder sozialer Einfühlung zu tun hat, fällt Maschinen weiter schwer. Aber damit lassen sich immer noch viele Tätigkeiten ersetzen. Zum einen fast die gesamte Produktion – das wäre nichts anderes als das Ende des Arbeiters. Und zum anderen das meiste in der Verwaltung, beim Verkauf, in der Logistik und bei Dienstleistungen generell. Osborne und Frey halten jeden zweiten amerikanischen Arbeitsplatz für automatisierbar – in den nächsten 20 Jahren. Ein Paukenschlag, der das Gesicht der Welt verändern würde.

Dazu kommt, dass sich selbst qualifizierte Stellen nicht nur automatisieren, sondern auch in billigere Länder verlagern lassen. Allan Blinder, früher Vizechef der US-Notenbank, meint, dass 30 Prozent aller amerikanischen Jobs verlagert werden können – an Programmierer, Sachbearbeiter oder Callcenter in Übersee.[8] Schon bildet sich in den USA das Berufsbild des Billigselbständigen am Computer heraus, der sich von Auftrag zu Auftrag hangelt, ohne Krankenversicherung und Rente.

Selbst wenn Untersuchungen für Deutschland optimistischer sind[9]: Nimmt man alles zusammen, erscheinen Arbeitsplätze und bestehende Lohnniveaus in einem Ausmaß gefährdet, das historisch ohne Beispiel ist. Und anders als bisher könnten viele neu entstehende Stellen an Maschinen fallen. Menschen wären zur Untätigkeit verdammt. Oder zu unwürdigen Löhnen beziehungsweise zu einer Selbständigkeit, die sie zu vogelfreien Clickworkern degradiert. Vor allem die Mittelschicht könnte verlieren, was ihr bisher noch geblieben ist.

Natürlich muss es nicht so kommen. Und wie immer in der Geschichte kommt es darauf an, wie die Gesellschaft auf die Entwicklung reagiert. Ob Regierungen den Menschen Qualifikationen ermöglichen, die den Computern überlegen sind. Ob sich ganz neue Berufe finden. Und ob die Gesellschaft kümmernde oder bildende Tätigkeiten aufwertet, die bisher schlecht bezahlt oder am Markt gar nicht angeboten werden.

Einfach dürfte es nicht werden. Die drohende Automatisierung der Arbeit ist eine machtvolle Mahnung, dass sich die Politik der Ungleichheit annehmen muss. Die Schieflage zwischen Reich und Ärmer droht sich zu verstärken. Beschäftigte verlieren ihre Stelle. Und wer kassiert den Ertrag, den die Maschinen erwirtschaften? Bisher nur die wenigen Eigentümer der Maschinen. In Deutschland besitzt nur jeder Zehnte Aktien. Gründer der digitalen Ära wie Sergey Brin von Google (39 Milliarden Dollar Vermögen 2016), Mark Zuckerberg von Facebook (53 Milliarden) oder Jeff Bezos von Amazon (66 Milliarden) werden märchenhaft reich, während die Masse nichts besitzt. Arbeiter könnten wieder zu Sklaven werden, warnt der Harvard-Ökonom Richard Freeman: »Wer die Roboter besitzt, regiert die Welt.«[10]

So weit, so bedrohlich. Und die Automatisierung der Arbeit ist nicht die einzige Aussicht, die die Ungleichheit verschärfen und das Leben für die breite Masse schwieriger machen könnte.

Eine weitere Gefahr gerade in Deutschland ist die extreme Ungleichverteilung der Vermögen, die die Gesellschaft noch mehr auseinandertreibt. Die reichsten zehn Prozent besitzen nach manchen Schätzungen bereits fast zwei Drittel des gesamten Vermögens. Nirgends in der Währungsunion ist Besitztum so ungleich verteilt wie in der Bundesrepublik. Und das hat Folgen, so die These, mit der Thomas Piketty berühmt wurde. Der französische Ökonom stellt das Vermögen in den Händen weniger Reicher den Löhnen gegenüber. Weil die Verzinsung der Vermögen höher ausfallen dürfte als das magere Wachstum in den Industriestaaten, aus dem sich Lohnerhöhungen speisen, wird es immer ungleicher. »Wenn die Kapitalrendite dauerhaft höher ist als die Wachstumsrate von Produktion und Einkommen, was bis zum 19. Jahrhundert der Fall war und im 21. Jahrhundert wieder zur Regel zu werden droht, erzeugt der Kapitalismus automatisch inakzeptable Ungleichheiten.«[11] Das Kapitel akkumuliert sich in den Händen weniger, wie Karl Marx schon beobachtet hatte. Im 20. Jahrhundert hatte sich der Trend zunächst umgekehrt. Das Privatvermögen in Deutschland, Großbritannien und Frankreich schrumpfte relativ. Vom Sechs- bis Siebenfachen der Wirtschaftsleistung zwischen

1870 und 1910 sank es bis 1950 auf das Zwei- bis Dreifache. Doch seither stiegen die Vermögen wieder rasant an: Sie verdoppelten sich auf das Vier- bis Sechsfache.

Es zeichnet sich ab, dass sich die Vermögensmasse noch weiter in den Händen Einzelner konzentrieren wird. Zum einen koppeln sich die Spitzengehälter von den Normalverdiensten ab: Dax-Vorstände verdienen inzwischen 60-mal so viel wie ihre Mitarbeiter. Und während die Kapitalrenditen hoch bleiben, wachsen die Industriestaaten zu langsam, um den Vorsprung der Kapitalisten durch Lohnsteigerungen einzuholen. Pikettys Argumentation nach nimmt die Ungleichheit zu. Das ist ein Warnzeichen, auch wenn andere Forscher den Einwand geltend machen, dass Pikettys Ansatz die Ungleichheit nicht ausreichend erkläre.[12]

Die Wachstumsschwäche ist grundsätzlich problematisch, weil sie die Einkommen der Bürger limitiert. Warum sind die Industriestaaten heute weniger dynamisch als in den Dekaden nach dem Zweiten Weltkrieg? Es gibt eine gewisse Sättigung, wenn jeder Konsument schon einen Kühlschrank, ein Mobiltelefon und ein Auto besitzt. Zwei Jahrzehnte profitierte der Westen stark vom Aufholprozess großer Schwellenländer wie China, wo eben viele noch einen Kühlschrank, ein Mobiltelefon und ein Auto kauften. Doch dieser Effekt ebbt ab. Die Weltwirtschaft wächst nur noch halb so stark wie die zwei Dekaden davor.

Dazu kommt, dass die Digitalisierung zwar das Leben der Menschen völlig durcheinanderwirbelt. Entgegen dem gängigen Eindruck macht sie die Wirtschaft aber offenbar nicht so produktiv, wie es die Innovationen früherer Epochen vermochten. Dampfmaschinen, Motoren und Elektrifizierung entfachten die Wirtschaftswunder der Industrialisierung. Computer und Roboter dagegen befeuern die Industriestaaten nicht entsprechend, stellt der Ökonom Robert Gordon fest: »Es gibt eine Fülle von Innovationen, aber sie verändern das Leben nicht mehr so umfassend wie der Luftverkehr oder die Elektrizität.«[13]

Der frühere US-Finanzminister Larry Summers prägt den Begriff der säkularen Stagnation, um den Stillstand zu charakterisieren. Der junge deutsche Ökonom Uwe Sunde erwartet eine dauerhafte Flaute. Demnach wuchsen Länder wie Deutschland nach Beginn der Industrialisierung stark, weil sich die Bevölkerung stark veränderte: Die Menschen lebten auf einmal länger, gingen länger zur Schule und arbeiteten länger als die Bauern-Gesellschaften der Jahrhunderte davor. All das vergrößerte die Wirtschaftsleistung. Aber mit dieser Beschleunigung ist es vorbei: Lebenserwartung, Bildung und Arbeitsdauer nehmen nur noch langsam zu.[14]

Sättigung beim Konsum, wenig Produktivität, wenig Entwicklung beim Humankapital: Die Tendenz all dieser Befunde ist, dass in den Industriestaaten das Wachstum stagniert. Das reduziert die Aussichten der breiten Masse auf höhere Löhne. »Das verfügbare Einkommen der unteren 99 Prozent der Bevölkerung wird zukünftig langsamer wachsen«, prophezeit US-Forscher Gordon. Sind die Löhne begrenzt, verstärkt sich die Ungleichheit, weil die Dynamik des Reichtums ungebremst ist. Das lässt sich etwa an Erbschaften erkennen. In den nächsten zehn Jahren dürften die reichsten zwei Prozent Deutschen rund 700 Milliarden Euro hinterlassen. Ein großer Teil der Bevölkerung dagegen hinterlässt fast nichts.[15] Reiche Erben vermehren ihr Vermögen durch die Zinsen, andere haben nichts zu vermehren.

Schwieriger könnte in Zukunft die Situation alter Menschen werden. Nach dem Zweiten Weltkrieg war es gelungen, die Armut im Alter zu bannen, die die Deutschen jahrhundertelang erlitten hatten. Dieser Erfolg steht nun auf der Kippe, weil die Deutschen länger leben und weniger Kinder bekommen. Das Rentensystem fußt darauf, dass die Arbeitnehmer die Altersbezüge der Ruheständler finanzieren – damit sie später im Alter genauso finanziert werden. Vor einiger Zeit illustrierte ein Magazin dieses System so: Arbeitnehmer tragen einen Senior auf einem Schild. Bald könnten die Senioren vom Schild stürzen.

1950 trugen sechs Arbeitnehmer einen Senior. Derzeit sind es knapp drei. In 30 Jahren kommen auf einen Senior nur eineinhalb Arbeitnehmer, die seine Rente finanzieren. Deshalb kürzen Regierungen seit langem an den Altersbezügen. Die Senioren werden von den Löhnen abgekoppelt. Vor 30 Jahren bekam der Standardrentner fast 60 Prozent des durchschnittlichen Lohns. In weniger als 30 Jahren werden es nach manchen Prognosen weniger als 40 Prozent sein. Und die bekommt nur, wer 45 Jahre gearbeitet hat. Das ist nicht mehr der gewohnte Lebensstandard im Alter.

Vor zehn Jahren waren kaum Rentner so arm, dass sie Hartz IV für Senioren beantragen mussten. Sozialverbände fürchten, dass sich der Anteil in zehn Jahren auf zehn Prozent versiebenfacht. Und die entscheidende Zeit, in der es eng wird, beginnt erst danach. Die Wissenschaftler Ute Klammer und Antonio Brettschneider filtern fünf Gruppen heraus, denen im Alter der Absturz droht:

- Selbständige, deren Geschäft schlechter läuft als gedacht
- Ostdeutsche, die im neuen Deutschland lange keine Arbeit fanden

- Geringverdiener, die öfter arbeitslos werden oder nur Teilzeitjobs finden wie die Heigerts aus Pirmasens
- Zuwanderer
- Mütter, die wie die technische Zeichnerin Margret Meier wegen der Kinder lange pausieren und später keinen richtigen Einstieg in den Beruf finden.[16]

Um die Kürzungen abzumildern, fördert die Regierung private Vorsorge. Doch das Riester-Modell funktioniert schlecht. Die meisten Bürger legen zu wenig zurück, um ihre Rentenlücke zu kompensieren. Die Nullzinsen der Zentralbanken erschweren das zusätzlich. Um im Alter den Lebensstandard zu sichern, muss ein 30-Jähriger Normalverdiener doppelt so viel vorsorgen wie vor einem Jahrzehnt.

Statt sich um die drohende Altersarmut zu kümmern, versucht die Bundesregierung, Senioren und Bald-Senioren von heute gewogen zu stimmen. Kein Wunder, bei der Bundestagswahl 2013 stellten die über 50-Jährigen bereits die Mehrheit der Wähler. Dieser im Regelfall gut versorgten Generation spendiert die Regierung Geschenke wie die Rente ab 63, die in den nächsten eineinhalb Dekaden mehr als zwei Billionen Euro kosten wird. Damit verrät die Politik die Mittvierziger und Mittzwanziger, um die sie sich wirklich Sorgen machen müsste.

Es wird sich noch mehr rächen, dass das deutsche System nicht von oben nach unten umverteilt wie die Schweiz und Australien. Gutverdiener zahlen nur auf ihr Einkommen bis 6000 Euro Beiträge. So liegen die hohen und mittleren deutschen Renten international im Mittelfeld – die unteren Renten fallen unterdurchschnittlich aus.[17] Ab dem Jahr 2020 wird es richtig knapp: Dann scheiden die geburtenstarken Babyboomer-Jahrgänge aus dem Beruf aus.

Die aufgezeigten Trends bedeuten noch nicht, dass ein großer Teil der heutigen Arbeitnehmer in Altersarmut rutscht. Vor allem könnte die Politik ja gegensteuern. Doch sie scheint auf das Wohl der heutigen Senioren fixiert. So müssen sich heutige Arbeitnehmer darauf einstellen, höhere Beiträge in die Rentenkasse einzuzahlen, länger zu arbeiten – und am Ende weniger Altersbezüge zu bekommen.

Die Sozialsysteme geraten in Finanznot. Die Bundesbank rechnet damit, dass die Arbeitnehmer bis 2060 24 statt heute 19 Prozent des Lohns an die Rentenkasse zahlen, selbst wenn sie bis zum Alter von 69 Jahren arbeiten.[18] Und das ist nicht alles. Schon heute fließt jeder vierte Steuer-Euro an Renten-, Kranken- und Vorsorgekassen. 2060 wird jeder zweite Steuer-Euro dafür gebraucht, rechnet der Bochumer Sozialökonom Martin Werding vor. Wovon soll der Staat Lehrer und Polizisten bezahlen?

Es lassen sich Szenarien denken, in denen Arbeitnehmer das Solidarsystem aufkündigen. Deutschland steht vor bitteren Debatten, wer Rente und Krankheit der Älteren bezahlt. Wer finanziert Pflege und soziale Betreuung von immer mehr Senioren? Gibt es keine künstlichen Hüften und Herz-OPs mehr für jene ohne Ersparnisse?

Am stärksten sind jene gefährdet, die auf staatliche Leistungen angewiesen sind. Wer ein Haus besitzt und ein Aktiendepot, ist sicher. Alterung und Finanznot der Sozialsysteme fordern die Politik, die Ungleichheit zu reduzieren.

Automatisierung der Arbeit, Konzentration des Reichtums, Rückkehr der Altersarmut: Es gibt Warnzeichen, dass es in Deutschland noch ungleicher zugehen wird.

Und schon die heutige Situation schreit danach, die politische Apathie gegenüber der sozialen Schieflage endlich zu beenden. Es wird Zeit zu handeln, bevor sich die Deutschen radikalisieren.

Es wird Zeit für einen neuen Gesellschaftsvertrag.

Aber wie kann ein Neuanfang konkret aussehen? In den folgenden Kapiteln werden Lösungen für ein faireres Deutschland skizziert.

12. Umsteuern, um das Land gerechter zu machen

Viele Deutsche stellen fest, dass für sie inzwischen nur noch ein Arbeitsplatz mit Einschränkungen zu haben ist. Befristete Verträge und Scheinselbständigkeit sind genauso üblich geworden wie Magerlöhne in Servicebranchen, die ein Gros der Beschäftigungen anbieten. Gleichzeitig bleibt bei zu vielen von ihrem Verdienst zu wenig übrig. Durchschnittsverdiener bekommen nur die Hälfte von dem heraus, was der Arbeitgeber bezahlt – bei amerikanischen Beschäftigten sind es 70 Prozent.[1] Die Vergünstigungen für Familien fallen weit geringer aus als die Ausgaben für Kinder und ihre Betreuung. Das deutsche Steuer- und Abgabensystem schreckt Mütter sogar vom Arbeiten ab. Währenddessen wirft es Kinderlosen Steuervorteile hinterher – und genauso Konzernen und Kapitalbesitzern. Das deutsche System verschärft die Ungleichheit.

Um die Gesellschaft fairer zu gestalten, sollte die Politik mit einem neuen Gesellschaftsvertrag massiv umsteuern. Wie das gehen könnte, wird in diesem und den nächsten Kapiteln skizziert. Der erste Schritt ist, Geringverdienern und der Mittelschicht mehr vom Verdienst zu lassen, damit sie sich Wohnen, Gesundheit und anderes leisten können. Danach müsste man Frauen zur Arbeit ermutigen und Familien besser bezuschussen. Wichtig ist außerdem, das Machtübergewicht derjenigen Firmen zu verringern, die Arbeitnehmer zu schlechten Bedingungen beschäftigen. Und man muss in Bildung sowie eine neue Sozialpolitik investieren, um Bürgern zu Beschäftigung und Einkommen zu verhelfen.

Das alles erfordert Geld. Es gibt ein gutes Argument gegen mehr Umverteilung von oben nach unten: Nämlich die Tatsache, dass die Bundesrepublik schon viel umverteilt. Steuern und Sozialabgaben sind nicht nur für die Mittelschicht beträchtlich, sondern auch für Gutverdiener, die nicht tricksen. Zwar werden Kapitalerträge kaum besteuert, aber die bestverdienenden zehn Prozent Einkommensteuerzahler tragen die Hälfte des Aufkommens.[2] Wer umsteuert, muss also Augenmaß beweisen, um die Leistungsbereitschaft der Bürger zu erhalten.

Die erste Antwort darauf ist, zusätzliches Geld nur durch gezielte Belastung jener zu gewinnen, die es sich leisten können. Die zweite Antwort ist, effizienter umzuverteilen. Der Staat sollte das Geld im Wesentlichen auf drei Arten einsammeln:

- Durch die Besteuerung von Unternehmen und Gutverdienern, die sich ihren Verpflichtungen entziehen
- durch die Belastung großer Vermögen, die keinen angemessenen Beitrag zu den gesellschaftlichen Aufgaben leisten
- durch die Abschaffung von Vergünstigungen wie dem Ehegattensplitting, die keinem nachvollziehbaren Zweck dienen.

Wie soll der Staat umsteuern? Ein Programm in zunächst sieben Schritten skizziert den Weg. Weitere Maßnahmen wären sinnvoll.

1. Normalverdienern mehr Netto geben

Arbeit wird in Deutschland weit stärker durch Steuern und Sozialabgaben belastet als in vergleichbaren Staaten. Von mehr als 30 OECD-Ländern fordern nur Belgien und Österreich einem Durchschnittsverdiener-Single mehr ab. Auch wenn mehrere Personen in einem Haushalt leben, ist die Belastung der Einkünfte aus Arbeit international traurige Spitze.[3] Damit bleibt Millionen Deutschen von ihrer Arbeit zu wenig. Sie können kein Vermögen bilden, um ihre Zukunft besser zu gestalten. Deutschland ist tief gespalten: Während das oberste Prozent der Haushalte im Schnitt knapp 60 000 Euro im Jahr spart, verschuldet sich die untere Hälfte unterm Strich um 300 Euro.[4] Das ist ein Weg in den Abgrund, der das Zusammenleben und die Demokratie bedroht.

Um diesen Abwärtstrend zu stoppen, sollte die Politik Normalverdienern mehr Netto gewähren. Der erste Blick gilt Geringverdienern. Von ihrem überschaubaren Lohn gehen neben Steuern volle Sozialabgaben ab, so dass am Ende wenig bleibt. Und das nach anstrengender oder monotoner Arbeit, die ein Geringverdiener kaum gestalten kann. Die Politik kann diesen Bürgern ein besseres Leben schaffen, als sie es tut: Sie muss nur die Sozialbeiträge senken, wie es die OECD fordert.[5]

Um das zu finanzieren, müsste die Politik Ausgaben überprüfen und andere Gruppen stärker fordern, durch Steuern und Abgaben. Der Spielraum dafür existiert. Im Sozialsystem ist eine umgekehrte Progression eingebaut, die Gutverdiener weniger belastet als andere: Sie (und ihre Arbeitgeber) zahlen nur auf das Einkommen bis zu einer Grenze Beiträge – für die Krankenversicherung bis 4000, für die Rentenversicherung bis 6000 Euro im Monat. Diese Ungleichverteilung lässt sich ändern. Helfen würde außerdem ein solidarisches Alters- und Gesundheitssystem, bei dem Beamte, Selbständige und Gutverdiener in denselben Topf einzahlen wie die übrigen Beschäftigten.

Niedrigere Sozialbeiträge für Geringverdiener hätten mehrere Vorteile. Sie würden knapp ausgestattete Menschen für ihre Arbeit belohnen. Und sie würde ihre Einstellung verbilligen, was einer Gruppe hilft, die es am Arbeitsmarkt oft schwer hat.

Geringverdienern mehr Netto zu gewähren, kann nur der erste Schritt sein. Auch die Mittelschicht hat eine Entlastung verdient, vor allem bei den Steuern. Das gilt in allen Bereichen. Der Spitzensteuersatz von 42 Prozent greift heute schon bei Mittelschichtlern, die nicht mal das Doppelte des Durchschnittslohns nach Hause tragen. Vor fünfzig Jahren musste einer schon das 18-Fache des Durchschnitts verdienen, um derart viel zu zahlen.[6] Der Staat passt selten die Einkommensgrenzen an, ab denen ein höherer Steuersatz greift. Durch die Inflation haben Arbeitnehmer von Lohnerhöhungen zuweilen gar nichts. Durch starre Einkommensgrenzen rutschen sie aber in eine höhere Steuerklasse und haben sogar am Ende weniger. Die nächsten zwei Jahre will die Bundesregierung diese sogenannte kalte Progression ausgleichen. In den Jahren zuvor hat sie es nicht getan.

Insgesamt sollte die Mittelschicht deutlich entlastet werden, damit sie wieder das Gefühl bekommt, dass sich ihre Leistung lohnt. Dabei helfen keine Kleckerbeträge. Bei der kleinen Steuerreform von Finanzminister Wolfgang Schäuble wird ein Durchschnittsverdiener im ganzen Jahr 2017 um 62 Euro entlastet.[7] Das sind keine Beträge, die die Bundesbürger wirklich registrieren würden. Politisch wirksam wäre eine Entlastung von 1000 Euro.

Die etablierten Parteien vernachlässigen die für Wirtschaft und Demokratie entscheidende Mittelschicht schon viel zu lange – mit gefährlichen politischen Folgen.

Warum weder SPD noch Union Geringverdiener und die Mittelschicht ernsthaft entlasten wollen, hat verschiedene Gründe. Die SPD profiliert sich traditionell lieber als Verteiler von Transfers, wie zuletzt die unglückliche Rente mit 63 und die Mütterrente für eine bereits gut versorgte Seniorengeneration zeigten. Und der Union ist ihr Profil zwischen wahltaktischen Sozialerwägungen und übertriebener Förderung der Wirtschaft zu einem schwammigen Nichts zerflossen.

Beide Parteien unterschätzen, wie positiv mehr Netto für Normalverdiener auf die Wirtschaft wirkt. Wer mehr Netto hat, konsumiert mehr. Reiche, die im neuen Gesellschaftsvertrag stärker belastet werden, geben dagegen einen kleineren Teil ihres Einkommens aus als Normalverdiener. Der fehlende Konsum stagnierender Normalverdiener hat die deutsche Wirtschaft lange geschwächt, so dass sie zu abhängig von Exporten wurde. Mehr Netto würde das ändern. Und eine Entlastung von Steuern und Abgaben hat gegenüber klassischen Sozialtransfers den Vorzug, dass sie Arbeit belohnt, statt im schlimmsten Fall Arbeitslosigkeit zu verfestigen.

2. In Bildung und neue Sozialpolitik investieren

Welche Ausbildung und damit letztlich welches Einkommen jemand erlangt, hängt in Deutschland zu stark von seiner Herkunft ab. Um das zu ändern, sollte der Staat stärker in frühkindliche Betreuung und mehr Chancen im Schul- und Universitätssystem investieren (Näheres im Kapitel *Wie Sackgassen zu Chancen werden*). Auch kann der Staat Benachteiligten helfen, ihre Qualifikation zu verbessern und schneller wieder eine Arbeit zu finden. Dafür müsste er in Zukunft mehr als Partner auftreten, statt das Schicksal seiner Sozialkunden zu verwalten (Näheres im Kapitel *Der Staat als Partner*).

Wer die Kosten dieser Maßnahmen betrachtet, sollte ihre Wirkung verstehen. Es handelt sich nicht um klassische Transfers, die einfach soziale Nöte mindern. Wenn der Staat mehr für Bildung ausgibt und mehr als Partner auftritt, investiert er in die Zukunft. Wenn die geförderten Bürger schneller Arbeit finden oder mehr verdienen, zahlen sie der Allgemeinheit die Förderung über geringere Sozialkosten sowie höhere Steuern und Sozialbeiträge zurück.

3. Schlupflöcher schließen

Auch wenn sich Investitionen in die Zukunft und mehr Konsum der Normalverdiener auszahlen, verursachen Steuersenkungen und andere Ausgaben erst mal und dauerhaft Kosten. Der Staat braucht mehr Geld. Dafür sollte er Unternehmen konsequent besteuern. »Multinationale Konzerne verschieben praktisch unter unseren Augen ihre Gewinne auch innerhalb Europas in jene Länder, in denen sie kaum besteuert werden«, kritisiert der österreichische Bundeskanzler Christian Kern, selbst langjähriger Manager.[8] Länder außerhalb Europas bieten Unternehmen an, Steuern zu minimieren. Aber auch innerhalb

Europas locken Staaten wie Irland, Luxemburg oder die Slowakei mit Dumping-Steuersätzen, die mit einem gewissen marktwirtschaftlichen Steuerwettbewerb nichts mehr zu tun haben.

Um das zu ändern, muss Unternehmen erschwert werden, ihre Gewinne auf dem Papier dort anfallen zu lassen, wo es ihnen passt. Am Beispiel des Apple-Konzerns, von dem die EU-Kommission Milliarden an Steuern nachfordert, bedeutet das: Weil Apple in Deutschland viele Produkte verkauft, sollte der Konzern auf den hier entstehenden Gewinn hierzulande Steuern bezahlen. Wie die Kommission vorschlägt, sollte die Steuerbasis europaweit einheitlich berechnet werden. Innerhalb der EU sollte es einen Mindeststeuersatz oberhalb von 20 Prozent geben, den Firmen bezahlen müssen. Und auf Dumping-Staaten außerhalb Europas sollte die EU den Druck ausüben, den sie als größter Wirtschaftsraum der Welt auszuüben vermag.

Die Bundesregierung kann auf verschiedene Weise ansetzen. Sie kann ihr ganzes Gewicht als Europas größter Staat einsetzen, um eine konsequente Besteuerung international zum zentralen Thema zu erheben. Sie kann mit Bündnispartnern unter Europas Flächenstaaten wie Frankreich, Italien oder Spanien, die gleiche Interessen haben, die kleineren Staaten mit den Dumpingsätzen politisch herausfordern. Und sie kann in der EU auf Beschlüsse wie einen Mindeststeuersatz hinwirken. In Steuerfragen ist in Brüssel eine einstimmige Entscheidung vorgeschrieben. Großbritannien und Irland blockierten bisher in stiller Eintracht mit osteuropäischen Regierungen entsprechende Beschlüsse. Durch das Brexit-Votum schrumpft das Lager der Widersacher. Das in der Eurokrise mit Milliarden gerettete Irland und die stark von Agrar- und Regionalsubventionen abhängigen Osteuropäer sollten keine allzu schweren Gegner sein. »Weg mit dem Wettbewerb um die niedrigsten Steuern«, gibt der österreichische Kanzler Kern die Linie vor. »Die Großkonzerne sollen endlich dort ihre Steuern zahlen, wo sie Geschäfte machen.«

Konsequente Besteuerung bedeutet auch regelmäßige Kontrollen im Inland. Wegen Personalmangels prüfen die Finanzämter mittelständische Betriebe derzeit nur alle 15 Jahre. Da lässt sich leicht ausrechnen, dass dem Staat Einnahmen entgehen. Und nicht nur dadurch. Die bei Mittelständlern und Selbständigen verbreitete Praxis, private Gebrauchsgüter bis hin zu Autos und Ferienhäusern als Betriebsausgaben abzusetzen, entzieht dem Staat Einnahmen – die er sich bisher bei den wehrlosen Arbeitnehmern zurückholt. Auch Anlagemodelle zum Steuersparen sollte der Staat konsequenter stoppen, als er das bisher tut. Fonds, die vorgeblich in Schiffe, Kinofilme und andere Produkte investieren, aber in Wahrheit vor allem steuermindernde Verluste produzieren sollen, kosten die Finanzämter hohe Einnahmen.

4. Vermögen ernsthaft besteuern

Wer in Deutschland reich geworden ist, den beschenkt der Staat zusätzlich, als sei das notwendig. Millionäre müssen Dividenden oder Zinserträge nur mit 25 Prozent versteuern, während ein Mittelverdiener ab 4500 Euro Arbeitseinkommen 42 Prozent Spitzensteuersatz zahlt. Die Vermögensteuer hat die Regierung Kohl in den 90er Jahren, als Deutschland ungleicher zu werden begann, gleich ganz abgeschafft. So ergibt sich selbst im internationalen Vergleich eine Schieflage: Während Arbeit in Deutschland besonders hoch belastet wird, werden Vermögen besonders stark geschont. Das Aufkommen von Steuern, die mit dem Vermögen zusammenhängen, ist ein Viertel so hoch wie in den USA und ein Fünftel so hoch wie in Großbritannien oder Frankreich. Dabei wäre das Potenzial riesig: Eine Steuer von drei bis fünf Prozent auf das Privatvermögen in der Bundesrepublik könnte mehr als die komplette Einkommensteuer ersetzen, die bisher die weitaus größte Steuereinnahme des Staats darstellt.[9] Nun mag ein solcher Satz manchem als zu hoch erscheinen. Auch bei einer niedrigeren Vermögensteuer mit den gebotenen Ausnahmen für die Mittelschicht bleibt noch viel hängen – so viel, um Normalverdienern mehr Netto zu geben.

Zu einer ernsthaften Besteuerung würde außerdem gehören, größere Erbschaften heranzuziehen. Auf die 200 bis 300 Milliarden Euro, die in der Bundesrepublik jährlich vererbt werden, wurden zuletzt im Schnitt etwa zwei Prozent Steuern entrichtet – fast nichts. Besonders krass ist die Privilegierung der Firmenerben, die auf Druck der Union gerade verlängert wurde. Eine Steuer von 20 Prozent auf alles mit Ausnahmen für Normalverdiener und der zeitlichen Streckung der Zahlung aus Firmenbesitz könnte sehr hohe Einnahmen generieren, mit denen sich die Ungleichheit dämpfen lässt. Stattdessen lässt die Bundesregierung die Reichen, die den größten Teil der Erbmasse weiterreichen, weitgehend unberührt. So wird die Schieflage zementiert: Drei Viertel befragter Reicher über 40 geben an, dass sie schon eine oder mehrere Erbschaften oder Schenkungen genossen haben.[10]

Höher besteuert werden sollten auch Kapitalerträge. Ende der Nullerjahre hatte ausgerechnet der SPD-Finanzminister Peer Steinbrück eine Pauschalsteuer eingeführt, um Bundesbürger zurückzulocken, die ihr Vermögen in der Schweiz und anderen Oasen versteckt haben. So müssen Millionäre auf ihre Dividenden und Zinseinnahmen keine 45 Prozent Steuern mehr bezahlen, sondern nur noch 25 Prozent. Doch die Oasen sind durch den Aufkauf von Banken-CDs mit Steuerhinterziehern und internationale Abkommen längst in die Defensive geraten. Kapitalerträge müssen stärker besteuert werden als die Arbeit der Normalverdiener.

Wenn Vermögen, Erbschaften und Kapitalerträge endlich ernsthaft herangezogen werden, kann die große Mehrheit der Bundesbürger mehr von ihrem Arbeitslohn behalten, besser leben und für die Zukunft vorsorgen.

5. Frauen und Familien fördern

Um die Ungleichheit in Deutschland zu reduzieren, sollten die etablierten Parteien nicht nur Normalverdiener generell in den Blick nehmen, sondern auch zwei Gruppen extra: Frauen, die arbeiten wollen, und Familien.

Untersuchungen zeigen, dass Gesellschaften weniger ungleich sind, wenn wie in Skandinavien viele Frauen arbeiten und Familien gefördert werden. Das deutsche System dagegen schreckt den zweiten Ehepartner, meist ist es die Frau, von ihrem Beruf ab. Der Zweitverdienerin werden zwei Drittel eines Durchschnittsverdiensts per Steuern und Abgaben abgezogen, so viel wie in keinem OECD-Staat außer Belgien.[11] Frauen erleben mehrere handfeste finanzielle Nachteile, wenn sie arbeiten gehen, statt zu Hause zu bleiben. Zum einen fällt die kostenlose Mitversicherung in der Krankenkasse des Ehepartners weg. Und zum zweiten ein großer Prozentsatz des Vorteils durch das Ehegattensplitting. Bei dieser deutschen Spezialität werden die beiden Einkommen eines Paares addiert, halbiert und der Steuersatz an dieser Hälfte ausgerichtet. Das ist ein Vorteil, weil der Steuersatz ja mit zunehmendem Einkommen steigt. Der Ehepartner mit dem höheren Einkommen müsste ohne Splitting mehr Steuern bezahlen. Das Splitting gewährt den maximalen Vorteil, wenn ein Ehepartner alles verdient und der andere nichts.

Das absurde Splitting schreckt nicht nur Frauen vom Arbeiten ab. Es schenkt auch einen von Kindern unabhängigen Steuervorteil, statt Nachwuchs zu fördern, auf den die Sozialsysteme einer alternden Gesellschaft bitter angewiesen sind. Das Ehegattensplitting gewährt einem kinderlosen Alleinverdiener, dessen Frau zu Hause bleibt, bei einem Spitzeneinkommen von 120 000 Euro dieselben Steuersätze wie zwei Eltern mit Kindern, die jeweils nur die Hälfte verdienen. Gleichzeitig haben die beiden Eltern zwei handfeste finanzielle Nachteile, obwohl sie die Gesellschaft anders als das kinderlose Paar durch ihren Nachwuchs stützen: Sie müssen die Betreuung ihrer Kinder bezahlen, die in einer Großstadt-Kita leicht über 500 Euro pro Kind kostet. Und sie bezahlen auf ihre beiden Gehälter fast volle Renten- und Krankenversicherungsbeiträge, während der Spitzenverdiener dies nur bis zur Grenze von etwa 50 000 Euro für die Kranken- und etwa 70 000 Euro für die Rentenbeiträge tut. Angesichts dieser sinnfreien Bevorzugung Kinderloser wirkt es wie Hohn, dass der Staat durch Kindergeld und Kinderfreibeträge den Anschein erweckt, er wolle Familien fördern. Das kinderlose Alleinverdiener-Paar bekommt sogar einen Vorteil geschenkt, der unverheirateten Eltern oder Alleinerziehenden komplett verwehrt bleibt.

Frauen und Familien zu fördern geht völlig anders: Durch eine Abschaffung der finanziellen Nachteile, wenn der zweite Ehepartner arbeiten geht. Durch einen gesonderten Freibetrag für Zweitverdiener. Durch einen Ausbau und eine Verbilligung der Kinderbetreuung. Durch finanzielle Anreize für Eltern, ihre Arbeitszeit in den ersten Jahren der Kinder gemeinsam zu reduzieren, damit keiner aus dem Beruf fällt wie Margret Meier, die technische Zeichnerin. Und durch einen Anspruch, aus kinderbedingter Teilzeit wieder in Vollzeit zurückzukehren, was Müttern wie Margret Meier ebenfalls helfen würde.

6. Wohltaten überprüfen

Wer Frauen und Familien fördert, benötigt dabei in gewissem Umfang finanzielle Mittel. Sollen auch dafür noch Vermögende und Firmen herangezogen werden, die bereits eine generelle Entlastung der Mittelschicht finanzieren sollen? Nicht unbedingt. Der Staat kann auch umsteuern, indem er seine bestehenden Ausgaben überprüft. Statt jene zu fördern, denen etwas fehlt, verteilt er vielfach wahllos. Auch an jene, denen nichts fehlt. Ein Kind eines Gutverdieners ist durch den Steuerfreibetrag monatlich 280 Euro Entlastung wert, das Kind eines Normalverdieners nur 190 Euro Kindergeld. Und das Ehegattensplitting, das Frauen vom Arbeiten abhält und kinderblind ist, stellt in manchen Jahren die größte Steuervergünstigung überhaupt dar: 20 Milliarden Euro für einen Anachronismus. Das Geld lässt sich effizienter ausgeben. Nun soll jeder sein Leben wählen, wie er es möchte. Es gibt am Frau-am-Herd-Modell der 50er Jahre nur nichts, was der Staat fördern müsste. Heiraten bedeutet – anders als damals – seltener Kinder kriegen. Also muss der Staat seine Förderung modernisieren, was nach mehr als einem halben Jahrhundert ja vielleicht nicht zu viel verlangt ist. Statt das Modell der Frau am Herd zu fördern, sollte er das Erziehen von Kindern fördern, ohne die Unternehmen, Kranken- und Rentenversicherung kollabieren. 20 Milliarden Euro Umverteilungsmasse für diese und andere Aufgaben sind ein verheißungsvoller Jackpot.

Es kennzeichnet die Mutlosigkeit der deutschen Parteien, dass eine Abschaffung des Ehegattensplittings unwahrscheinlich ist. Die Union hält mit all ihrem gesellschaftlichen Muff daran fest. Sie beweist, wie gleichgültig sie der zunehmenden Ungleichheit gegenübersteht. Ihr CSU-Flügel hat mit der Herdprämie des Betreuungsgelds sogar noch etwas draufgesattelt. Und die SPD? Ist mutiger, aber nicht wirklich mutig. Sie möchte zwar das Kinderkriegen stärker fördern und das Splitting für neue Ehen abschaffen. Aber wer bereits verheiratet ist, dem will sie das Splitting weiter gewähren – eine jahrzehntelange, milliardenteure Übergangsfrist.

Die SPD hat Angst, das Bundesverfassungsgericht könnte den Steuervorteil bestehender Ehen verteidigen. Aber besteht Politik nicht daraus, für als richtig erkannte Ziele zu kämpfen und eine solche Niederlage zu riskieren? Und lassen sich für eine gesellschaftliche Modernisierung nicht breite Bevölkerungsmassen mobilisieren, die auch die Richter beeindrucken?

Das Splitting symbolisiert die elende Besitzstandspolitik in Deutschland, die soziale Unterschiede zementiert. Parteien scheuen sich, einmal gewährte Vergünstigungen zurückzunehmen, selbst wenn sie jeden Sinn eingebüßt haben. So sammeln sich in der Bundesrepublik über Jahrzehnte Besitzstände an.

Die Agrarsubventionen, die Landwirtschaftsfabriken genauso helfen wie reichen Forstbesitzern, sind ein anderes Beispiel für diese Politik. So verteilt der Staat viel um, ohne dabei immer denen zu helfen, die es nötig haben. Alleinerziehende wie Sophie Schartner aus München jonglieren mit schlecht bezahlten Jobs im Café und Fitnessstudio, um ihre Kinder über die Runden zu bringen und gleichzeitig flexibel für sie da zu sein. Sophie Schartner bezahlt reichlich Abgaben, während der Staat kinderlose Paare mit dem Ehegattensplitting beschenkt.

Wer einen neuen Gesellschaftsvertrag will, muss die Fesseln der Besitzstände sprengen. Unterstützung verdienen jene, die sie brauchen, nicht jene, denen der Staat sie irgendwann zugeteilt hat. Und wer verdient wirklich Unterstützung? Kinderlose Paare, die bei einer Frau am Herd den maximalen Vorteil des Ehegattensplittings kassieren, besitzen in Deutschland im Schnitt ein Vermögen von mehr als 100 000 Euro. Paare mit zwei Kindern haben halb so viel. Und Alleinerziehende ab zwei Kindern 20 000 Euro.[12]

7. Machtmissbrauch am Arbeitsmarkt stoppen

Um die Ungleichheit zu verringern, ist eine Entlastung der Normalverdiener von Steuern und Abgaben zentral. Dazu bedarf es einer Stärkung ihrer Position am Arbeitsmarkt ergänzt werden. Seit den 90er Jahren haben sich die Machtverhältnisse zugunsten der Arbeitgeber verschoben. Die Industrie setzt niedrige Löhne durch, indem sie mit der Verlagerung von Stellen nach Osteuropa oder gleich nach Asien droht.

Auch Dienstleistungsbranchen, in denen der Einfluss der Gewerkschaften traditionell geringer ist, setzen niedrige Löhne durch. Darüber hinaus behindern Handelsketten, Gastronomen und US-Internetkonzerne wie Amazon Tarifverträge oder die Bildung von Betriebsräten. Drei Viertel der Gewerkschafter in der Nahrungsindustrie und Gastronomie berichten von Störmanövern.[13]

Die Macht der Gewerkschaften ist geschrumpft. Wenn von Sozialpartnern die Rede ist, denken viele Menschen nicht mehr an die Gewerkschaften, sondern an eine Partnervermittlung, scherzt der Ökonom Tony Atkinson. Die Mitgliedschaft bei den deutschen Gewerkschaften hat sich in den vergangenen Jahren stabilisiert, aber zuvor schrumpfte sie von 1980 bis Mitte der Nullerjahre von 33 auf 22 Prozent.[14] Inzwischen zahlen nur noch halb so viele Firmen Tariflöhne wie vor 20 Jahren. Der Abstieg der Gewerkschaften hat in vielen Industriestaaten ungleiche Machtverhältnisse geschaffen, analysiert Nobelpreisökonom Joseph Stiglitz.

Die Politik kann das ändern. »Die Regierung sollte die Position der Gewerkschaften stärken, indem sie etwa noch mehr Tariflöhne für eine ganze Branche für allgemeinverbindlich erklärt«, meint Verteilungsforscher Markus Grabka. »Vor allem im Dienstleistungsbereich, denn dort ist der gewerkschaftliche Organisationsgrad unterdurchschnittlich.«[15] Die Forscher Gerhard Bosch und Thorsten Kalina fordern, der Staat solle Aufträge nur an Firmen vergeben, die Tariflohn zahlen.[16]

Deutschland braucht in manchen Bereichen eine striktere Arbeitsmarktpolitik. Mit den Sozialreformen der Agenda 2010 entstanden teils Jobs zu einem hohen gesellschaftlichen Preis – unsicher, befristet und schlecht bezahlt. Nun gilt es, diesen Wildwuchs zu beseitigen. »Minijobs, Leiharbeit und Werkverträge sollten zeitlich stärker begrenzt werden«, fordert Grabka. Die Regierung sollte versuchen, das Prinzip der gleichen Bezahlung für gleiche Arbeit besser durchzusetzen. Was die Regierung im Herbst 2016 dazu beschloss, ist voller Lücken.

Der heutige Arbeitsmarkt mit seinen Halb- und Fastnicht-Jobs und aufgedrängter Scheinselbständigkeit erinnert oft eher an das 19. Jahrhundert als an das 20. Jahrhundert, als sozialversicherte Vollzeitstellen die Norm waren.

Um die Ungleichheit im 21. Jahrhundert zu reduzieren, sollte sich die Politik wieder am 20. Jahrhundert orientieren.

13.
Wie Sackgassen zu Chancen werden

Wer die Schülerin Natalie[1] zu Hause in Frankfurt besucht, sieht im Wohnzimmer mit einiger Wahrscheinlichkeit den Fernseher laufen. Ihre Mutter sitzt den Tag über häufig davor. Bei den Hausaufgaben kann sie, die die Schule ohne Abschluss verließ, Natalie nicht helfen. Ihr Vater, ein Fabrikarbeiter, starb vor vielen Jahren an den Folgen eines Berufsunfalls. Natalie war eng mit ihm. Als dem kleinen Mädchen niemand erklärte, dass ihr Vater gestorben war und nie wiederkommen würde, warf sie das psychisch aus der Bahn. Zuerst war davon gar nicht so viel zu merken. Erst als sie in die Pubertät kam, begann sie, sich auffällig zu verhalten. Im Alter von nur 13 Jahren wurde sie mehrmals wegen Komasaufens ins Krankenhaus eingeliefert. Schule war in diesen Jahren kein großes Thema. Aber Natalie ist begabt, ein Fall fürs Gymnasium, das sagten ihre Lehrer immer. Wie groß wohl ihre Chancen sind, im deutschen System den Schulabschluss zu erreichen, der ihrer Intelligenz entspricht?

Abgesandte aus Südeuropa reisen in die Bundesrepublik, um sich das deutsche Lehrlingswesen abzuschauen. Deutschland verfügt über passable kostenlose Schulen, während für britische Kinder eine gute Schule häufig vom elterlichen Portemonnaie abhängt. Das deutsche Bildungssystem hat also einiges für sich. Es scheitert aber daran,

Kindern unterschiedlicher Herkunft annähernd gleiche Startchancen zu ermöglichen. Deutschlands Bildungseinrichtungen werden oft zu Sackgassen, statt Passagen in eine bessere Zukunft zu sein. Mehr als drei Viertel aller Akademikerkinder studieren, aber weniger als ein Viertel der Arbeiterkinder. Kinder wie Natalie gelangen trotz ihrer Intelligenz zu selten an die Uni. »Bildungspolitik muss als Instrument zur Herstellung gleicher Startchancen eine – vermutlich die – entscheidende Säule im Gedankengebäude der sozialen Marktwirtschaft sein. Aber sie wird sträflich vernachlässigt«, klagt der Bildungsforscher Ludger Wößmann.«[2]

Dabei ist Chancengerechtigkeit ein optimaler Weg, um die Ungleichheit zu reduzieren. Sie versetzt jeden selbst in die Lage, sein Einkommen zu verbessern. Sie erzeugt mehr als den einmaligen Effekt, den übliche Sozialleistungen zwangsläufig haben. Sie greift weniger ins Einkommen der Besitzenden ein als klassische Umverteilung. Doch Fairness bei den Startmöglichkeiten ist gar nicht so leicht erreichbar. Einfach mehr Geld ausgeben reicht nicht. Den Ausbau der Kitas etwa nutzen bevorzugt bildungsnahe Schichten, fand die Forscherin Katharina Spieß heraus. Und weniger Geringverdiener, deren Nachwuchs Dinge vermittelt bekommen würde, die er zu Hause nicht automatisch erlernt.[3] Ohne ein gezieltes Zugehen auf Geringverdiener profitieren vor allem jene, deren Kinder es ohnehin leichter haben.

Schultypen sind, anderes Beispiel, heute durchlässiger. Wenn es ein Kind wie Natalie mit zehn Jahren nicht aufs Gymnasium schafft, gelangt es vielleicht über andere Schulen später zum Abitur. Über diesen zweiten Bildungsweg kommen allerdings prozentual mehr Akademikerkinder an die Uni als Arbeiterkinder – obwohl sie ohnehin via ersten Bildungsweg, also Gymnasium, weit häufiger Abitur machen als Kinder aus dem falschen Viertel der Stadt. Schon der Ausbau der Universitäten in den 70er Jahren hatte diesen fragwürdigen Effekt, kritisiert der Ökonom Wößmann: »Der große Ausbau, der breitere Schichten an die Uni bringen sollte, verstärkte de facto die Ungleichheit. Ja, es gab mehr Plätze. Die wurden aber überproportional von Mittelschichtskindern wahrgenommen und nicht von den Arbeiterkindern, für die es gerade gedacht war.«[4]

Mehr Chancengerechtigkeit wird in der Bundesrepublik nur erreicht, wenn benachteiligte Kinder gezielt gefördert werden. Wie geht das, wenn schon nicht per Geldgießkanne? Ein kleines Programm in neun Schritten.

1. Lehrer und Eltern ansprechen

Viele Entscheidungen über den Ausbildungsweg eines Menschen fallen, bevor dieser mit 16 oder 18 Jahren selbst entscheidet. Es sind Eltern und Lehrer, die zuvor entscheiden. Wer etwas ändern will, muss auch bei ihnen ansetzen. Lehrer sollten ausgebildet werden, besonders auf Schüler aus bildungsferneren Schichten einzugehen. Klingt selbstverständlich? Ist es nicht. Noch immer entmutigen Lehrer aus Akademikerdünkel oder sonstigen Vorurteilen diese Kinder, statt sie zu ermutigen, wie zuletzt der Journalist Marco Maurer anhand seiner eigenen Biografie schilderte.[5]

Außerdem könnte frühe Hilfe bei der Erziehung verhindern, dass Kindern die Chancen der Bildung versagt bleiben. Sozialberater schildern, wie schwer es manchen bildungsfernen Eltern fällt, genug Aufmerksamkeit und Struktur zu geben. Und gerade Kinder, die einen in der Familie nicht verbreiteten Ausbildungsweg nehmen, brauchen Ansprache und Unterstützung. »Ich glaube mehr und mehr, dass der Staat Verantwortung übernehmen muss«, sagt Ökonom Wößmann. »Er kann das den Familien nicht überlassen. Es gibt einfach Eltern, die sich da zu wenig einsetzen, und die verbauen ihren Kindern die Lebenschancen.«[6]

2. Speziell helfen

Keiner von Natalies Eltern hat eine höhere Schule besucht und kann ihr sagen, worauf es da ankommt. Aber Natalie hat einen starken Willen. Ihre Mutter hat keinen Schulabschluss. Sie möchte einen. Lehrer haben ihr früh bescheinigt, dass sie die intellektuellen Fähigkeiten besitzt, um das Gymnasium zu besuchen. Aber ihr direktes Rollenvorbild ist ihre Mutter, die zu Hause vor dem Fernseher sitzt.

Hier kommt der Staat ins Spiel: Er muss sich mehr um benachteiligte Kinder kümmern, sonst verhindern ihre Startnachteile eine gute Ausbildung.

Der Staat muss etwa alles daran setzen, Kindern mit Migrationshintergrund früher die Sprache zu vermitteln, wenn sie es nötig haben. Etwa jedes siebte Kind von Migranten macht keinen Schulabschluss.[7] Generell brauchen benachteiligte Kinder öfter Förderkurse oder Nachhilfe. Typisch für die bisherige Chancenpolitik ist das mit größtem Getöse von der Regierung Merkel gestartete Bildungspaket, in dem einkommensschwache Eltern zum Beispiel Nachhilfe beantragen können,

- falls die Schule die Notwendigkeit bescheinigt.
- falls sie einen Nachweis des Nachhilfelehrers beibringen.
- falls sie den Antrag bei dem in ihrem Fall richtigen Amt einreichen.
- falls sie überhaupt von den Leistungen gemäß § 28 SGB II/§ 34 SGB XII/§ 6b BKGG wissen.

Nur vier Prozent der Eltern benachteiligter Kinder beantragen oder bekommen Zuschüsse für die Nachhilfe.[8]

Nötig wäre eine Gesamtstrategie. Um die Ungleichheit zu reduzieren, fordert die OECD Deutschland auf, »mehr Mittel für Schulen mit einem relativ hohen Anteil an Schülern mit niedrigem sozioökonomischen Hintergrund bereitzustellen und benachteiligte Jugendliche darin zu unterstützen, einen mittleren Bildungsabschluss, speziell eine gute Berufsausbildung, zu erreichen«.[9]

Natalies Weg schien nach Klinikaufenthalten wegen Komasaufens und ohne Unterstützung durch Eltern vorgezeichnet: höchstens mittlere Reife, eher Hauptschule, vielleicht eine Lehre, vielleicht eine Erwerbsbiografie als Ungelernte, vielleicht früh Mutter und aus der Berufswelt wegrutschen wie bei Eva Heigert in Pirmasens.

Natalie hatte Glück. Als sie sich am Ende der Pubertät wieder mehr um die Schule kümmerte, bekam sie Hilfe. Mit zehn Jahren war das Gymnasium unerreichbar; mit 15 Jahren gelangte sie über eine Förderklasse doch noch auf die höhere Schule. Und zwar nur, weil die Sozialbetreuer ihrer Familie intensive Nachhilfe organisierten. Heute ist sie 17. Zwei Rentner geben ihr jede Woche mehrere Stunden Nachhilfe in Mathematik und Sprachen, ohne die das Abitur unrealistisch wäre.

Die Unterstützung, die Natalie erhält, ist in Deutschland eine Frage des Zufalls. Stattdessen sollte der Staat generell prüfen, ob und welche Hilfe ein benachteiligter Schüler benötigt. Diese Informationen kann jeder Lehrer liefern. Der Staat könnte breit Programme auflegen oder unterstützen, bei denen Studenten oder Rentner ehrenamtlich oder gegen Entgelt Nachhilfe geben. Ehrenamtliche haben nicht mal standardisiertes Lehrmaterial. Der Ökonom Armin Falk fand heraus, dass Grundschüler aus einkommensschwachen Familien, die ein Jahr gecoacht wurden, elf Prozent häufiger aufs Gymnasium gingen.

3. Früher anfangen

Natalie holt auf. In ihrem Fall gelang es, die Nachteile gegenüber ihren Mitschülern teilweise auszugleichen. Das ist selten genug. Herkunft verursacht erschreckend früh Bildungsdifferenzen. Ökonomen setzten in ihre Modelle statt Menschen lange Zeit lieber einen Pappkameraden namens *homo oeconomicus* ein, der perfekt rational und voll informiert agiert. Erst die Abkehr von diesem eindimensionalen Menschenbild ermöglicht es, das Entstehen von Qualifikationen zu erkunden. Der amerikanische Ökonom James Heckman studiert seit langem die frühkindliche Bildung. Sein Fazit: Je früher ein Euro in die Qualifikation investiert wird, desto höher der Ertrag. »Was Kinder lernen, hängt extrem davon ab, wie sie als Kleinkind erzogen wurden. Frühe Bildung hilft: Wer etwas lernt, lernt später mehr. Am wichtigsten ist es, dass Kinder lernen, bei der Sache zu bleiben, ihre Aufgaben zu planen, zu erledigen und hinterher zu prüfen.« Der Nobelpreisträger rät, früh anzufangen. »Hier werden die Fähigkeiten geschaffen, die das Leben und Lernen später erleichtern. Und es wird immer schwerer und schwerer, das später nachzuholen. Wenn Kinder ihre Gehirnzellen nicht nutzen, können sie sie später nicht mehr so gut einsetzen.«[10]

Katharina Spieß, die am DIW-Institut die Abteilung Bildung und Familie leitet, hat die Vorteile des frühen Kitabesuchs erforscht. Die Kinder müssen im Schnitt weniger Klassen wiederholen und verdienen später mehr. Am besten besuchen sie bereits ab zwei Jahren eine Kita. So gewinnen sie an emotionaler Stabilität, verhalten sich sozialer und spielen mehr mit anderen. Seit 2013 gibt es einen Rechtsanspruch auf einen Kitaplatz ab zwei. Der Staat muss ihn in Realität verwandeln. »Die ersten Jahre sind so wichtig«, wirbt Ökonom Wößmann. »Ob ein Kind Spielzeug hat und sich Blumen anguckt oder ob es auf die Blume tritt und nur vor der Glotze sitzt. Das merkt man in der ersten Klasse und in der vierten auch noch.«

4. Richtige Anreize setzen

Um Chancengerechtigkeit zu schaffen, sollten gerade Eltern von benachteiligten Kindern wie Natalie von einem frühen Kitabesuch überzeugt werden. Sozialarbeiter berichten, dass Mütter einkommensschwacher Familien dazu neigen, ihre Kinder zu Hause zu lassen. Sie sind ja ohnehin selbst zu Hause, weil sie keine Arbeit finden oder keine suchen. Oder sie geben schnell auf, wenn das Kind bei der Eingewöhnung in der Kita nicht sofort bleiben will. Also bedarf es besserer Beratung, um den Eltern die Vorteile aufzuzeigen. Und es bedarf mehr finanzieller Anreize. Bildungsnahe Schichten lassen ihr Kind im Schnitt ein Jahr früher betreuen, oft schon ab zwei Jahren. Warum halten sich Einkommensschwächere zurück, obwohl sie meist geringere Gebühren zahlen? Die Kita kostet sie relativ zum Einkommen mehr als die Besserverdiener. Die Gebühren sollten also für sie noch niedriger sein.[11]

Stattdessen gab es auf Druck der CSU seit 2013 in Deutschland sogar einen konträren Anreiz: Das Betreuungsgeld, das nur Eltern bekommen, die ihr Kind explizit zu Hause betreuen. Widersinniger geht es kaum, wenn die Chancengerechtigkeit gefördert werden soll. Aber darum geht es der CSU ja auch nicht. Sie will Frauen am Herd halten, das Familienbild der 50er Jahre konservieren – und zahlt das Betreuungsgeld weiter, nachdem das Verfassungsgericht die bundesweite Leistung verworfen hat. Das läuft jeder politischen Strategie zuwider, Eltern benachteiligter Kinder von einem frühen Kitabesuch zu überzeugen.

5. Mehr als Steine verbauen

Politiker stecken das Geld gern in Steine. Steine lassen sich vorzeigen. Seht her, wir haben in Deutschland so und so viel neue Kitas gebaut! Unglücklicherweise entscheiden über den Bildungserfolg nicht nur die Steine, sondern das, was innerhalb der Steine geschieht: durch motivierte, gut ausgebildete Erzieher, die Kinder fördern. Und die nicht so viele Kinder um sich haben, dass ihnen die Zeit dafür fehlt. So lassen sich Nachteile bei den Fähigkeiten oder sozialem Verhalten aufholen, mit denen Kinder wie Natalie aufwachsen. »Wenn die pädagogische Qualität nicht gewährleistet ist«, warnt Katharina Spieß, »kann die grundsätzlich hohe Rendite frühkindlicher Bildungsinvestitionen nicht realisiert werden.«[12]

Doch zwischen Kitas herrschen große Unterschiede. Während teure private Stätten mit Mehrsprachigkeit, Biokost und Schwimmbad werben, ist bei staatlichen vieles knapp. Manchmal sind für Spielzeug, Bücher und Ausflüge pro Kind und Monat weniger als drei Euro vorgesehen. Vor allem die Anzahl der Erzieher unterscheidet sich sehr. Während bei den Privaten ein Erzieher auf höchstens drei Kinder unter drei Jahren kommt, ist der mittlere Wert in vielen Bundesländern mindestens doppelt so hoch. Bei den Drei- bis Sechsjährigen kommt häufig ein Betreuer auf zwölf bis 15 Kinder, ermittelt die Bertelsmann-Stiftung.[13]

»Es braucht das anregende Klima, in dem Kinder die Welt entdecken wollen«, fordert Ludger Wößmann, »und keine Verwahranstalten. Da lässt sich noch viel verbessern.« Dazu braucht es mehr Geld. Auch, um den Erzieher-Beruf attraktiver zu machen. Wer wenig bezahlt, verliert fähige Kräfte, die sich eine besser bezahlte Tätigkeit suchen. »Wenn man sieht, was Erzieherinnen verdienen, davon kann man eine Familie kaum ernähren«, kritisiert Wößmann.

Johanna Storck und Katharina Spieß haben untersucht, inwieweit die Arbeitsrealität der Erzieher geeignet ist, eine hohe Qualität hervorzubringen. Das Ergebnis: Fast jede zweite Befragte hält ihren Lohn für unangemessen niedrig. Jede dritte spricht von fehlender Anerkennung und mangelnden Aufstiegsmöglichkeiten. Wer nur einen befristeten Vertrag hat, wechselt mit größerer Wahrscheinlichkeit den Arbeitsplatz oder steigt gar aus dem Beruf aus.[14] Bisher gibt es in den Kitas zu wenig gut ausgebildetes Personal und eine zu hohe Belastung. Was die Bundesregierung sich hier spart, verliert sie später an Einnahmen. Denn wer in der Kita mehr angeregt wird und dadurch bessere Schulleistungen erzielt, verdient mehr und zahlt mehr Steuern und Abgaben.

Familienministerin Schwesig hatte für die laufende Wahlperiode ein Qualitätsgesetz angekündigt, das etwa eine niedrige Kinderzahl pro Erzieher festschreiben könnte. Weil die Bundesländer die Kosten scheuen, ist das Ganze in weite Ferne gerückt. Ein Personalverhältnis von 3 zu 1 für Kinder unter drei Jahren würde 100 000 Neueinstellungen erfordern, also fünf Milliarden Euro Kosten, rechnet die Bertelsmann-Stiftung vor. Statt gezielt zu fördern, verteilt die Bundesregierung Geld mit der Gießkanne: etwa mit einer Erhöhung des Kinderfreibetrags, von der vor allem Gutverdiener profitieren, die so ihre Steuern senken.

6. Sozial macht Karriere

Wer nur auf Lernfähigkeiten wie Mathematik oder Sprachen achtet, übersieht etwas. Wie gut jemand im Berufsleben zurechtkommt, hängt nicht nur von solchen Kenntnissen ab. »Wer mit anderen kooperieren und ihnen vertrauen kann, erzielt tendenziell mehr Einkommen«, sagt Armin Falk, Direktor eines neuen Bonner Instituts, das menschliches Verhalten und Ungleichheit untersucht.

Ebenfalls positiv wirken sich demnach Sensibilität für die Erwartungen anderer, Mitgefühl und kommunikative Fertigkeiten aus. Was für manchen nach Weicheierei klingen mag, die hartgesottene Manager als Gedöns abtun, ist wissenschaftlich als Erfolgsfaktor belegt.

Wie Falk in einem jahrelangen Großversuch mit 700 Kindern herausfand, sind solche sozialen Fähigkeiten ungleich verteilt. Messen lässt sich das etwa beim sogenannten Diktatorspiel, in dem Sieben- bis Neunjährige Spielzeug zwischen sich und anderen Kindern aufteilen dürfen und so Empathie für ihre Umwelt zeigen – oder eben nicht. Wer in einem Elternhaus im ärmeren Drittel der Gesellschaft mit niedrigen Bildungsabschlüssen aufwächst, weist im Schnitt deutlich weniger von den sozialen Eigenschaften auf, die das berufliche Fortkommen beschleunigen. »Die Persönlichkeit spielt bei der Entstehung von Ungleichheit eine wichtige Rolle«, folgert Falk. Er entsandte einen Nachmittag die Woche einen Mentor, der mit dem benachteiligten Kind Sport trieb, Geschichten las oder in Museen ging. Alles Dinge, die den Umgang mit anderen und die Persönlichkeit trainieren. Nach einem Jahr zeigten die betreuten Kinder mehr soziales Verhalten, vergleichbar mit Altersgenossen aus höheren Einkommensgruppen – während die nicht betreuten Kinder aus dem ärmeren Drittel stagnierten. »Die frühe Förderung der sozialen Fähigkeiten kann die Spaltung der Gesellschaft verringern«, schließt Falk. Der Staat sollte solche Mentorenprogramme bundesweit bezuschussen.[15]

7. Mehr Geld für die frühen Jahre

Deutschland wendet im internationalen Vergleich relativ wenig für die Betreuung von Kindern bis sechs Jahre auf. Skandinavische Nationen geben dafür in Relation zur Wirtschaftsleistung das Dreifache aus. Deutschland liegt unter dem Durchschnitt der OECD-Länder. Um mehr Chancengerechtigkeit zu schaffen, müsste der deutsche Staat früher fördern. Je länger er wartet, desto mehr vergrößert sich der herkunftsbedingte Abstand zwischen Kindern. Statt viel mehr Geld für die frühen Jahre auszugeben, fängt Deutschland am falschen Ende an und gibt für die Universitäten relativ viel aus.[16]

Von dieser Prioritätensetzung profitieren Akademikerkinder, die dreimal so wahrscheinlich auf eine Uni gehen wie Arbeiterkinder. Wie so oft landen staatliche Ausgaben vorrangig in den Taschen jener, die sich am lautesten artikulieren und die Förderung am wenigsten nötig haben. Ja, in einer idealen Welt würde Deutschland seine staatlichen Uniausgaben halten und gleichzeitig viel mehr für frühkindliche Bildung ausgeben. Doch die finanziellen Mittel sind begrenzt. Deshalb wird es wohl zum Teil nur mit einer Umschichtung gehen: mit maßvollen Gebühren für Studenten, die ja später deutlich mehr verdienen als Berufstätige ohne Unidiplom. Ein Sozialrabatt bei den Gebühren verhindert, dass sich Benachteiligte die Hochschule nicht leisten können. Im Zweifel werden die Gebühren gestundet.

Linkere Politiker haben dafür gefochten, die Studiengebühren wieder abzuschaffen. Das war ehrenwert, aber ein Sieg an der falschen Front. Die Chancengerechtigkeit wird nur verbessert, wenn der Staat die Prioritäten in den frühen Jahren setzt, in denen sich der große Abstand bildet.

8. Kinder später aufteilen

Manches im deutschen Bildungssystem wirkt ideologisch zementiert. Aufgeteilt in Gut und Böse. Böse sind zum Beispiel Schultypen, in denen der Akademikernachwuchs lange mit Arbeiterkindern zusammenbleibt. »Gesamtschule« heißt das Horrorwort, es steht für schlechte Schulbildung. Und da reagieren die arrivierten Bürger empfindlich. Sie wissen ja, wie wichtig eine gute Schule für die Zukunft ihrer Kinder ist. Ihr Bewusstsein reicht nicht so weit, möglichst alle Kinder in den Genuss des bestmöglichen Unterrichts kommen zu lassen. Darum geht es nämlich: Ist die frühe Aufteilung schon der Zehnjährigen auf Gymnasium, Haupt- und Realschule wirklich notwendig? Nein, davon ist Ludger Wößmann überzeugt: Die Kinder länger in einer Schule zusammenzulassen verbessert die Chancen der Benachteiligten – ohne insgesamt das Leistungsniveau zu reduzieren.

Natalie war trotz ihrer Intelligenz mit zehn Jahren aus vielen Gründen noch nicht so weit, aufs Gymnasium zu gehen. Bei ihr hat es am Ende geklappt, sie konnte einige Jahre später dahin wechseln. Viele andere Kinder kommen trotz ihrer Fähigkeiten weder mit zehn Jahren noch irgendwann später aufs Gymnasium.

Finnland und Schweden gaben in den 60er Jahren die frühe Auslese auf. Die Differenzen der Schulleistungen privilegierter und benachteiligter Kinder gingen zurück. Aber nicht das Leistungsniveau, wie die internationalen PISA-Tests beweisen, bei denen skandinavische Länder die Bundesrepublik abhängen.

So früh wie in Deutschland werden Kinder in fast keinem Industrieland getrennt. In Frankreich, Großbritannien, Italien, den USA, Japan oder Südkorea passiert dies erst mit 14 bis 16 Jahren. Überall existieren Gemeinschaftsschulen, die Kindern aller Herkunft die Chancen auf bestmöglichen Unterricht gewähren.

Die Deutschen halten an ihrem Sonderweg fest, mit eindeutigen Folgen: Ab dem Zeitpunkt, an dem die Kinder mit zehn Jahren auf die Schultypen aufgeteilt werden, steigt die Ungleichheit der Leistungen so rasant an wie in keinem anderen Land. Im internationalen Vergleich rangiert Deutschland bei Schülern im Alter von zehn Jahren noch im guten Mittelfeld. Mit 15 oder 16 Jahren ist die Ungleichheit unter den Schülern sehr groß geworden.[17]

Das ließe sich ändern, wenn Deutschland die Kinder wie andere Nationen später trennen würde. Doch da gibt es ideologische Barrieren. Ludger Wößmann hat sich mit seinem Plädoyer für eine spätere Aufteilung keine Freunde gemacht. Auf die Frage, ob er oft beim bayerischen Kultusminister ist, lacht er. »Nicht mehr so oft, nein. Es gibt eben Bereiche, in denen Politiker zuhören, und andere, die ein Tabuthema sind.« Ein Tabu sind die Schultypen aber nicht nur im Süden, sondern auch im Norden. Wenn ein Bundesland Gesamtschulen einführte, dann nur als Ergänzung zu den bestehenden Schulen. »Das bringt ja nichts«, kritisiert Wößmann. »Nur wenn es wirklich nur Gesamtschulen gibt und alle Kinder sie besuchen, hilft das den begabten Kindern aus bildungsfernen Schichten.«

Ohne solche Reformen hängen die schulischen Kenntnisse eines 16-jährigen Deutschen weiter so stark von der Herkunft ab wie in kaum einem anderen Land. Wenn dagegen alle Kinder den Kindergarten besuchten, und zwar ein Jahr länger, und wenn erst ab der neunten Klasse aufgeteilt würde: Dann würden die herkunftsbedingten Unterschiede bei den Fähigkeiten wenigstens auf den OECD-Durchschnitt schrumpfen.[18]

9. Nach der Ausbildung bilden

Bei vielen Menschen hat es sich eingebürgert, Qualifikation in zwei Stufen einzuteilen: vorher und nachher. Wer arbeitet, hat die Ausbildung hinter sich. Denkt er. In einer komplexeren Wirtschaftswelt altern Qualifikationen jedoch. Gerade um in der digitalen Ära mitzuhalten, bedarf es der Weiterbildung. Das ist nicht nur eine Herausforderung, sondern auch eine Chance. Gerade für Geringqualifizierte oder generell Beschäftigte, die in befristeten Aushilfsjobs hängenbleiben. Doch insbesondere sie haben in Deutschland 30 Prozent weniger Chancen auf Weiterbildung als die glücklichen Inhaber von Vollzeitstellen. Das ist ein noch schlechterer Wert als der OECD-Durchschnitt.[19]

Um gerade diesen Beschäftigten zu helfen, darf der Erwerb zusätzlicher Kenntnisse nicht wie bisher dem Zufall überlassen werden. Die Bundesregierung müsste eine Gesamtstrategie konzipieren. In der könnte es zum Beispiel Unternehmen zur Pflicht gemacht werden, für mehr Qualifizierung zu sorgen. In Südkorea wird darüber nachgedacht, Arbeitnehmern ein individuelles Konto einzurichten, aus dem sie Weiterbildung bezahlen können und das sie bei einem Stellenwechsel mitnehmen. Auffüllen sollen solche Konten die Unternehmen per Umlage.

Die Realität sieht noch weniger visionär aus. Forscher haben einen Feldversuch in der Schweiz studiert, bei dem

Gutscheine für die Weiterbildung winkten. Die Gutscheine erhöhten die Teilnahme an solchen Maßnahmen. Geringqualifizierte Arbeitnehmer profitieren von den zusätzlichen Kenntnissen besonders. Sie nutzten die Gutscheine aber kaum – schlecht beraten oder ohne Zuversicht in das eigene Fortkommen.[20]

Frühkindliche Bildung, spätere Aufteilung, mehr Weiterbildung: Nur mit einer Verbesserung der Chancengerechtigkeit lässt sich die gewachsene Ungleichheit in der Bundesrepublik überhaupt wirksam bekämpfen. Mehr Deutsche in den Stand zu versetzen, durch bessere Bildung mehr im Beruf zu verdienen, ist dauerhafter als viele Umverteilungsmaßnahmen.

Die Lebenssituation von Natalie zeigt, wie groß die Aufgabe ist. In ihrem Fall ist es gelungen, eine benachteiligte Schülerin durch Nachhilfe und Coaching noch verspätet aufs Gymnasium zu bringen und dort zu halten. Sie bemüht sich, sie ist selbstbewusst, manchmal zu sehr. Noch hat sie das Abitur nicht. In einem Leben wie ihrem lauern Hindernisse. Falsche Freunde. Ein psychologischer Knacks, der die Antriebskraft raubt. Mitschüler oder Lehrer, die die »Hartzerin« hänseln. Eltern, die sie vom Weg abbringen. Bei Natalie läuft es noch ganz gut. So wenig ihr die Mutter schulisch helfen kann, so sehr unterstützt sie sie emotional. Und ihre beiden behinderten Geschwister leben inzwischen in einer betreuten Einrichtung, so dass sie nicht von einer Mutterrolle aufgesogen wird, die ihre Mutter nicht ausfüllen kann.

Wie die Hindernisse überwiegen können, zeigt sich bei Deniz, einem Mitschüler. Auch er bekam intensive Nachhilfe. Der türkischstämmige Junge war interessiert und nach dem Urteil seiner Lehrer fürs Gymnasium geeignet.

Nachdem sein Vater zurück in die Türkei gegangen war, wurden die beiden Onkel zum Rollenvorbild. Sie demonstrierten, wie man auch ohne Beruf und regelmäßige Arbeit durchs Leben kommen kann. Der Mutter gelang es nicht, dem etwas entgegenzusetzen. Deniz verlor das Interesse am mühsamen Lernen. Er hat das Gymnasium inzwischen verlassen.

14.
Der Staat als Partner

Am Ende ging er putzen. Alex Agho, eloquent, kontaktfreudig, kräftig, fand keine andere Arbeit mehr. Das frustrierte ihn, weil er seine Familie nicht mehr selber ernähren konnte. Weil er raus wollte aus der kleinen Wohnung, in der sie alle im Wohnzimmer schlafen, da nur dort die Heizung funktioniert. Dann gab ihm die Chefin für den nächsten Samstag frei, gottlob, seine Frau war krank und hochschwanger. Samstag früh um sechs Uhr rief die Chefin an, er solle doch kommen. Agho widersprach. »Du hast gesagt, Samstag frei.« Er flog raus.

Jetzt saß Alex Agho, 31 Jahre alt, den ganzen Tag zu Hause. »Ich dachte, was für ein Leben ist das? Ich bin ein Mann. Ich muss arbeiten!« Die Aussichten auf vernünftige Arbeit sind schlecht für einen, der mit 31 ohne Ausbildung dasteht.

Nun sitzt Alex Agho, braunes Kord-Jackett, fester Händedruck, im Jobcenter am Nürnberger Hauptbahnhof.

Er ist ein Beispiel dafür, wie die Integration von Flüchtlingen in Deutschland misslingen kann. Eine Warnung davor, welche enormen Kosten und sozialen Verwerfungen drohen, wenn die Integration weiter so oft misslingt. Der deutsche Sozialstaat braucht ein neues Konzept, um jenen auf der Schattenseite zu helfen. Langzeitarbeitslosen. Benachteiligten Kindern. Und gerade Migranten. Seit Sommer 2015 sind weit mehr als eine Million Flüchtlinge in die Bundesrepublik gekommen. Wenn es bei ihnen so läuft wie die meiste Zeit bei Alex Agho, wird sich das für die ganze Nation dramatisch rächen.

Als Agho mit 16 Jahren aus Nigeria kam, wollte er auf eine Schule oder in eine Lehre. Stattdessen geriet er in die deutsche Bürokratie, die Flüchtlinge lange Zeit vor allem verwaltete. Keine Schule, keine Lehre. Die Dinge zogen sich. Irgendwann fing er an zu jobben, schnippelte Gemüse und wusch Geschirr in einem Münchner Restaurant. Der Chef legte unter der Hand was drauf, so ließ es sich leben. Er bezahlte selbst einen Sprachkurs, weil er Deutsch schlecht beherrschte.

Jahre später stellte ihm die Bürokratie plötzlich eine Ausbildung in Aussicht. Das, was er lange gewollt hatte. »Aber ich dachte, ich muss Geld verdienen.« Alex Agho überwies damals schon monatlich hunderte Euro nach Hause, für die alleinstehende Mutter, für die Schwester und ihre höhere Schule, die er selbst in Nigeria mangels Geld nicht besuchen konnte. Bei einer Lehre hätte er auf einmal viel weniger verdient, für sich, für Mutter und Schwester. An ihn richten sich wie an viele Flüchtlinge in Deutschland Erwartungen. Er ließ die Ausbildung sausen. Ein Fehler.

Solange einer in den 20ern ist, kommt er auch ohne durch. Agho jobbte bei BMW im Lager, bei der Bahn, zog nach Nürnberg, weil es da billiger ist, fing im Hafen im Lager an, 2000 Euro netto, Frau und Kind, alles gut.

Dann quetschte ihm ein Großpaket den Fuß. Kein Lager mehr, sagte der Arzt. Noch so ein Unfall und Sie können nie mehr laufen. Alex Agho putzte, bis er auch diese Stelle verlor. Er hatte einen Fahrerjob in Aussicht, den er nur mit Führerschein antreten hätte können. Die Bürokratie wollte keinen Führerschein bezahlen. Er sagte, ich bin für euch viel teurer, wenn ich zu Hause sitze. Die Sachbearbeiterin antwortete, in den Vorschriften ist kein Recht auf Führerschein vorgesehen. Er bot an, die 1700 Euro in Raten abzustottern. Die Sachbearbeiterin antwortete, so etwas ist in den Vorschriften nicht vorgesehen. Er sagte, du verarschst mich. Die Sachbearbeiterin antwortete, verlassen Sie mein Büro.

Menschen wie Alex Agho stehen vor einem Berufsleben zwischen Arbeitslosigkeit und Helferjobs, die kaum zum Leben reichen. Eine solche Laufbahn erleben nicht nur viele ungelernte Deutsche wie Stefan Heigert in Pirmasens. Sie droht auch hunderttausenden Flüchtlingen. Nach ersten Hinweisen haben 30 Prozent von ihnen keinen Hauptschulabschluss. Drei Viertel jener Flüchtlinge aus den häufigsten Herkunftsländern wie Syrien, Irak und Afghanistan verfügen über keine abgeschlossene Berufsausbildung. Bei Deutschen sind es nur 13 Prozent.[1] Wenn der deutschen Bürokratie und den Flüchtlingen die Integration misslingt, werden die Schäden für die Bundesrepublik gewaltig sein.

Bei Alex Agho ist schon einiges schiefgegangen. Sein Beispiel zeigt aber auch, wie sich trotz seiner fehlenden Ausbildung etwas machen lässt, wenn Bürokraten gestalten statt verwalten. Agho landete in einem Projekt des Landes Bayern und der Stadt Nürnberg, das sich intensiv um Arbeitslose kümmert.[2] Normalerweise hat ein Jobberater 150 bis 300 Klienten. Er verbessert seine Bilanz, wenn er sich auf die schnell Vermittelbaren konzentriert. Gudrun Frank aus dem Projekt hat 40 Klienten. So kann sie sich um Alex Agho kümmern, der nicht so schnell zu vermitteln ist.[3]

Wobei er eigentlich ganz gut zu vermitteln ist, sagt sie.

Wenn sie ihm bei Bewerbungen hilft und klarmacht, dass er alle Papiere besorgen muss und nicht nur manche. Wenn sie ihm das Gefühl nehmen kann, Behörden oder Arbeitgeber hätten sich gegen ihn verschworen. Wenn sie seine Spontaneität bremst, weil er nicht einfach ohne Termin bei einer Firma vorbeigehen und mal schnell alles besprechen kann wie in Nigeria. Dass er Gudrun Frank unter ihrer Durchwahl anrufen kann, was bei Jobberatern sonst nicht vorgesehen ist, hilft ihm. In einem System, in dem alles nach deutschen Regeln läuft, die ihm keiner nahebringt, scheitert einer wie Agho.

Gudrun Frank kann ihm rasch einen Logistikjob besorgen. Dann kündigt ihm die Firma nach der Probezeit. »Das machen manche Arbeitgeber, um keine Verpflichtungen einzugehen«, sagt sie. Sie finanziert ihm den Führerschein, weil er einen Job in einer Sicherheitsfirma in Aussicht hat. Als er bei der Prüfung seinen Personalausweis vorlegt, behauptet der Beamte vom Ordnungsamt, Agho sei nicht der Mann auf dem Foto. Er sperrt ihn ein halbes Jahr für die Prüfung. Auf Franks Nachfrage will sich der Beamte nicht äußern. Die Jobberaterin hilft Agho über diese Frustration hinweg. Inzwischen hat er endlich bei der Sicherheitsfirma angefangen. Sein erster fester Job seit langem. Jede Menge Überstunden, 2000 Euro netto, Frau und mittlerweile zwei Kinder, alles wieder besser.

Nach einem Jahr hat er die Arbeit immer noch.

Deutschkenntnisse, Ausbildung, Arbeit, Navigation durch die Bürokratie, Erfolg bei Arbeitgebern: An Alex Agho lässt sich studieren, was bei der Integration alles misslingen kann. Was Sprache lernen, eine Ausbildung beenden und so an Arbeit kommen angeht, misslang bei ihm schon Gravierendes. Was die übrigen Fragen angeht, gibt es noch Chancen.

Sprachkurse, Qualifizierung, Bewerbertraining, Finanzierung des Führerscheins: Im Prinzip bietet der deutsche Staat eine Fülle von Leistungen. Die Frage ist, ob ein Migrant an sie herankommt. Ob er das bekommt, was ihm wirklich hilft. Die Herausforderung ist groß. 70 Prozent der aktuellen Asylbewerber sind jünger als 30. Positiv betrachtet: Sehr vielen kann durch eine Qualifikation der Weg in anständig bezahlte Arbeit geebnet werden. Negativ betrachtet: Viele kommen schon wegen ihres Alters ohne Berufsausbildung und Berufserfahrung, mit der sie in Deutschland reüssieren können. Chance und Risiko sind also gleichermaßen gewaltig. Es wird sehr darauf ankommen, ob der Staat Flüchtlinge an die Hand nimmt, so wie im Nürnberger Projekt. Und das gilt genauso für deutsche Langzeitarbeitslose oder benachteiligte Kinder.

Bisher ist es so, dass der Staat das Schicksal der Benachteiligten oft verwaltet, obwohl sie die Unterstützung dringend brauchen. So bleiben sie stehen. Auf diese Weise vergrößert sich die Ungleichheit, weil die Kapitalbesitzer und die Gutverdiener mit großen Schritten voranschreiten. Um den Rückstand zu verringern, müsste der Staat das Leben der ersten Gruppe aktiv verbessern. Hinschauen und an die Hand nehmen statt nur verwalten.

Allerdings gibt es mächtigen Widerstand dagegen, dass der Staat eine aktivere und damit zwangsläufig größere Rolle übernimmt. Seit Margaret Thatcher und Ronald Reagan tobt ein ideologischer Kampf gegen den Staat. Niedrigere Steuern sollen den Radius des Staates verringern, der eher als Bedrohung denn als Unterstützung des Individuums betrachtet wird. Wo diese Ideologie regiert, bleiben jene auf der Strecke, die sich nicht stets selbst helfen können, so wie es die Liberalisten für alle Menschen anzunehmen scheinen.

Es gibt noch ein anderes Hindernis für eine aktivere Rolle des Staates: die Sozialverwaltung selbst. Jede Bürokratie tendiert dazu, sich auf Regeln zu versteifen und eigene Ziele zu verfolgen, die nicht unbedingt ihren Aufgaben dienen. Wenn die Sachbearbeiterin Alex Agho den Führerschein verweigert, erfüllt sie die Ermessensregeln, kostet den Staat aber viel Geld, weil Alex Agho arbeitslos bleibt. Wenn sich ein Jobberater bei 300 Klienten auf die leichteren Fälle konzentriert, dient das seiner Erfolgsbilanz, aber nicht dem Allgemeinwohl. Eine Veränderung kann nur von jenen kommen, die der Bürokratie die Ziele vorgeben. Also von Bürgern und Politikern, die die enormen Sozialausgaben sinnvoll verwendet sehen wollen.

Eine Sozialbürokratie, die ihre Kunden an die Hand nimmt, braucht nicht automatisch viel mehr Mitarbeiter und viel mehr Geld. Sie muss die Menschen in ihrer Komplexität wahrnehmen und eine individuelle Lösung finden, statt Paragrafen abzuhaken. Das ist mitunter ziemlich mühsam, beispielsweise wenn ein Fall komplexer ist als bei Alex Agho. Wenn es ist wie bei Ella Haug.[4]

Die Hartzerin, sehr rote Haare, sehr tiefe Furchen im Gesicht, sitzt an diesem Nachmittag ebenfalls im Jobcenter am Hauptbahnhof. Ihre Akte fasst kein Sozialbürokrat an, der auf rasche Erfolge spekuliert. Sie hat Probleme gemacht, sie hat vier Kinder, sie hatte ihre letzte richtige Stelle 1998. Mit 27 Jahren. Jetzt ist sie 44.

Was sie auch hat, ist ein starker Wille, ihr Leben zu verbessern. Schon wegen der Kinder. Wenn der einen Tochter Mitte des Monats das einzige paar Schuhe kaputtgeht, ist kein Geld für neue da. Bei der Tafel kostenlose Lebensmittel abzuholen ist den vier Kindern von acht bis 20 so peinlich, dass sie das Essen inkognito heimtragen, in Tüten, die sie vorher bei Aldi besorgen.

Ella Haug hat aber auch festgestellt, dass ihr Wille wenig verändert hat. Die Nachtarbeit im Versandhaus, um die sich wenige reißen, musste sie wieder aufgeben, weil ihre Mutter doch nicht mehr bei den Kindern übernachten mochte. Eine Ausbildung wollte ihr die Sozialbürokratie nicht finanzieren. Sie hat eine Vorstellung davon, welche Tätigkeiten eine Perspektive haben. Von ihrer Zeit als Filialleiterin eines Supermarkts, bevor die vielen Kinder kamen. Die Ein-Euro-Jobs, die sie ihr statt einer Ausbildung vermittelten, empfand sie als perspektivlos. Sie richtet den Blick mehr auf den Boden als auf den Besucher, unsicher, ob sie diesen Satz jetzt sagen soll: »Du denkst, da kann ich gleich Hartz-IV-Empfängerin bleiben.« Wenn sie bei den Ein-Euro-Jobs wegblieb, kürzten sie ihr die Sozialhilfe, eine Spirale nach unten.

Als sie 2014 ins Nürnberger Projekt kommt, stellt ihr Jobberater Bernd Braun bald fest, dass es nicht so einfach wird. Eigentlich müsste sie arbeiten können, denkt er, die Kinder gehen ja alle zur Schule. Er vermittelt ihr einen Minijob als Verkaufshilfe, aber nach einer Weile geht sie nicht mehr zur Arbeit. Genauso beim zweiten Minijob im Altersheim. Normalerweise schreibt der Berater jetzt einen Brief und kürzt ihr Hartz-IV. Bernd Braun ruft stattdessen mehrmals an. Sie geht nicht ans Telefon. Jetzt kürzt der Berater normalerweise erst recht die Unterstützung.

Stattdessen redet Braun mit dem Sozialarbeiter Andreas Schäfer. Das Besondere an dem Nürnberger Projekt ist, dass es die ganze Familie in den Blick nimmt. Jobberater und Sozialarbeiter bilden ein Team, im normalen Bürokratiealltag hätten sie wenig miteinander zu tun. Andreas Schäfer geht einfach mal zu Hause bei Ella Haug vorbei. Er setzt sich zu ihr aufs Sofa und hört zu. Ich bin weggeblieben, weil mein Sohn 16 Treppenstufen runtergefallen ist, sagt sie. Dann bin ich weggeblieben, weil aus dem Gasofen heißer Dampf entwich und ich Angst um die Kinder hatte. Aber warum haben Sie nicht bei der Arbeit Bescheid gesagt? Sie schweigt. Erst jetzt, Monate später, kann sie es zugeben. »Ich hab mich geschämt, dass ich wegbleibe.«

Andreas Schäfer findet damals eine Mutter vor, die schon mit ihren Kindern genug beschäftigt ist. Die beiden Jüngeren, acht und 11, gehen auf eine Förderschule und brauchen viel Aufmerksamkeit. Die pubertierende 13-Jährige flippt oft aus und haut ab. Wenn Frau Haug arbeiten geht, weiß sie nicht, was die Tochter tut. Der Vater, der woanders lebt, ist keine Hilfe. Sie nennt ihn den ganzen Nachmittag nur »Herr Haug«. Bei den drei kleineren Kindern hab ich was falsch gemacht, sagt die Mutter heute. »Ich hab zu oft nachgegeben. Ich bin sonst eine Strenge.« Andreas Schäfer sieht eine Mutter, die sich um ein Kind kümmert, bis bei den anderen beiden ein Brand ausbricht; die sich sorgt, was zu Hause passiert, wenn sie in der Arbeit ist. Frau Haug war noch gar nicht bereit für eine Arbeit, sagt er.

Es gibt viele Gründe, warum jemand wie Ella Haug auf klassischem Weg nicht in eine dauerhafte Stelle vermittelt wird. Probleme mit den Kindern sind bei der Vermittlung meist kein Thema. Und jemand wie sie glaubt nach vielen Jahren ohne Arbeit oft gar nicht mehr dran. Fühlt sich von Vorgesetzten schnell gemobbt. Braucht Ermutigung. Braucht einen Berater, den sie unkompliziert was fragen kann. Im Vermittlungsalltag dagegen ist wenig Zeit, die Berater sind nicht ohne weiteres erreichbar und wechseln oft.

Schäfer überzeugt die Mutter, der pubertierenden Tochter nicht einfach Gewalt anzudrohen, weil es das nicht besser macht. Stattdessen bekommt sie ein eigenes Zimmer, um sich altersgemäß von den Kleineren absetzen zu können. Sie bekommt Nachhilfe. Und sie bekommt den ersehnten Hamster versprochen, als Anerkennung dafür, dass sie sich in die Familie einfügt. Als die Situation mit den Kindern stabilisiert ist, vertrauen ihr die Berater: Sie finanzieren ihr eine Ausbildung, die sie zuvor nicht bekam. Inzwischen arbeitet sie als Sozialbetreuerin im Altenheim. 1400 Euro im Monat. Sie ist immer noch auf staatliche Hilfe angewiesen. Aber es ist ein Anfang. Es ist die erste richtige Stelle seit 17 Jahren.

Es war einige Mühe nötig, um Ella Haug wieder in Arbeit zu bringen. Menschen wie sie rutschen trotz Jobboom aus dem Berufsleben. Frustrierend für sie. Teuer für die Allgemeinheit. Eine Million Deutsche sind länger als ein Jahr arbeitslos.

Bei einem möglichst schlanken Staat, wie ihn der Liberalismus fordert, müht sich keiner mehr um Frauen wie Ella Haug. Da zeigt sich die Schwäche dieser Ideologie. Der Liberalismus riskiert das Elend vieler Bürger. Und gleichzeitig verfehlt er das Ziel niedriger Staatsausgaben. Wer wird für die Allgemeinheit teurer: Alex Agho und Ella Haug arbeitslos – oder mittels staatlichen Coachings in Arbeit? Die Frage lässt sich allgemeiner formulieren: Wo verbuchen die Liberalisten die Kosten für unsichere Wohnviertel in den USA, voller frustrierter Arbeitsloser, in denen der Drogenhandel blüht, Schießereien an der Tagesordnung sind und Kinder ohne Perspektive aufwachsen? Wenn der Staat Bürger in schwierigen Lebenslagen an die Hand nimmt wie in Nürnberg, kann er viel verändern. Bürger zu einer gut bezahlten Arbeit zu befähigen, ist ein Schlüssel im Kampf gegen Ungleichheit.

Natürlich kann ein aktiverer Staat nur manchen zu Arbeit verhelfen. Alex Agho hat die Arbeit nach einem Jahr immer noch. Bei Ella Haug wackelt nach den ersten acht Monaten Arbeit in 17 Jahren alles gerade, weil »Herr Haug« wieder eingezogen ist und noch immer viel trinkt. Doch auch wer Rückschläge einkalkuliert, sieht die Chancen. Durch das Nürnberger Projekt mit 600 Familien gelangte jeder Vierte in reguläre Arbeit, normale Jobberater schaffen dies bei jedem Sechsten. Ausbildungen und geringfügige Jobs eingerechnet, steigt die Erfolgsquote auf 50 Prozent.

Aber sicher kostet es mehr, wenn sich ein Berater um weniger Arbeitslose kümmern. Das dürfte ein wichtiger Grund dafür sein, warum Kommunen und die Bundesregierung solche Projekte mit Vorsicht betrachten. Bayerns Sozialministerin Emilia Müller (CSU) argumentiert, für jeden ausgegebenen Euro kämen mindestens vier Euro wieder herein. Durch Löhne, Steuern und Sozialabgaben sowie eingesparte Kosten. 2016 beschloss der Bundesrat, den Nürnberger Ansatz bundesweit zu verankern. Damit Städte den Ansatz wirklich anwenden können, müsste die Bundesregierung allerdings deutlich mehr Geld in die Jobcenter stecken.

Politiker müssen kurzfristig höhere Kosten finanzieren, damit die Allgemeinheit profitiert, wenn sie womöglich nicht mehr im Amt sind: ein typisches Dilemma, das verhindern könnte, dass der ganzheitliche Ansatz bundesweit Realität wird. Dabei lässt sich der Erfolg des Modells erst richtig ermessen, wenn zusätzlich die Kinder der Arbeitslosen betrachtet werden – und die Gefahr, dass die Eltern ihnen ihre Hartz-IV-Karrieren vererben. Beim ganzheitlichen Ansatz kümmert sich der Sozialbetreuer um die Kinder, um die Schule, um ihre Probleme. Und wenn wie im Fall Ella Haug die Mutter wieder arbeitet, kommt Struktur ins Leben, die auch den Kindern nutzt. Jetzt muss die ganze Familie gemeinsam morgens früh aufstehen. Ella Haugs Sohn geht inzwischen lieber in die Schule, weil er jetzt dort sagen kann, die Mama geht arbeiten.

Je früher ein aktiver Staat ansetzt, desto seltener muss er später Lebensläufe wie den von Ella Haug reparieren. Wobei früh sehr früh bedeutet. Frühgeborene Kinder verdienen später ein Viertel weniger als Normalgeborene. Frühgeburten kommen häufiger in sozial schwachen Familien vor, durch Ahnungslosigkeit, fehlendes Geld und gesundheitsschädliches Verhalten. Wer diese Familien gezielt berät, hilft ihnen vielleicht. Wer wie in Skandinavien flächendeckend Familienhebammen einsetzt, hilft nach der Geburt. Die Hebammen beraten bei Ernährung, Arztbesuchen und staatlichen Leistungen. Und ersetzen manchen sozial schwachen Familien, was andere Eltern von Freunden erklärt bekommen.[5]

Sehr früh setzen sie in Pirmasens an, der vom Untergang der Schuhindustrie gebeutelten Stadt, in der jedes dritte Kind unter 15 in einer Hartz-IV-Familie lebt. Nach einer Geburt bekommen die Familien einen Gutschein für ein Willkommenspaket. So kommt die Stadt mit den Eltern ins Gespräch und erkennt frühzeitig, wo sie helfen kann. Weil ein Kitabesuch Rückstände aufholen hilft. Weil kein Geld für den Fußballverein da ist. Weil die Eltern nicht wissen, dass sie für ihre Kinder Nachhilfe nach § 28 SGB II/§ 34 SGB XII/§ 6b BKGG beantragen können.

Im Pakt für Pirmasens arbeiten neben drei Sozialarbeitern auch 140 Bürger ehrenamtlich. Das ist doch eine Vision, die aus dem gespaltenen Deutschland ein neues Land machen könnte. Ein Staat, der Schwächere an die Hand nimmt – und Bürger, die ihn dabei unterstützen.

15. Macht Arbeiter zu Kapitalisten, bevor sie Sklaven werden

Richard Freeman ist ein Linker, jedenfalls für amerikanische Verhältnisse. Der Harvard-Professor schreibt über die Produktion westlicher Kleidung in Sweatshops der Dritten Welt. Er provoziert Mainstream-Ökonomen mit der These, Mitglieder von Gewerkschaften arbeiteten produktiver. Und Freeman greift zu starken Worten, um vor dramatischer Ungleichheit in der digitalen Ära zu warnen: Arbeiter könnten zu Leibeigenen werden – »in einem modernen Feudalismus, in dem ein paar Milliardäre und ihre Art Märkte und Regierungen beherrschen, genau wie die Adeligen im Mittelalter«.[1] Die einen im Palast, die anderen im Dreck: ein starkes, klassenkämpferisches Bild. Unter Linken macht sich Freeman womöglich trotzdem wenig Freunde. Denn sein Rezept gegen eine Zukunft mit Leibeigenen ist erzökonomisch: Gebt Arbeitern Aktien. Macht sie zu Kapitalisten, bevor sie Sklaven werden!

Der Vorschlag klingt überraschend. Doch beschäftigt man sich näher damit, besticht die Vision. Es befürchten ja einige Ökonomen, dass moderne Technologien erstmals die ganze Arbeiterschaft treffen, weil sich Algorithmen anders auswirken als Fließbänder. Wenn wirklich fast die Hälfte aller Arbeitsplätze in den USA gefährdet sind, wie die Briten Frey und Osborne warnen, wäre unsere Welt nicht wiederzuerkennen. Freeman glaubt, dass den Menschen noch Beschäftigung bleiben wird – aber nicht zu auskömmlichen Löhnen. »Sobald Roboter oder Computer etwas billiger erledigen können, nehmen sie Menschen die Stelle ab. Außer der ist bereit, weniger Lohn hinzunehmen. Die Digitalisierung könnte die guten Arbeitsplätze mit hohen Löhnen wegnehmen und Menschen schlecht bezahlte Jobs lassen.« Er sieht eine sich nach unten drehende Spirale, die längst in Gang gekommen ist: Seit 1990 schrumpft der Anteil der Löhne am Volkseinkommen in den meisten Industriestaaten. Gleichzeitig steigt der Anteil der Gewinne, den die Besitzer der Maschinen vereinnahmen. Und sie profitieren noch mehr, wenn weiter Maschinen Menschen ersetzen. Denn die Erträge der Maschinen fließen in die Portemonnaies weniger. Weil nur jeder zehnte Deutsche Aktien besitzt, trifft eine solche Entwicklung die Deutschen besonders.

Auch früher profitierten von der technologischen Entwicklung nicht einfach alle Bürger. Nach Beginn der Industrialisierung im 19. Jahrhundert dauerte es Dekaden, bis die Arbeiter wirklich mehr verdienten. Und das geschah nicht von selbst, sondern durch eine neue Kraft: die Arbeiterbewegung. Sie wurde von den herrschenden Eliten lange unterdrückt. Erst als sie trotzdem an Einfluss gewann, veränderte sich etwas durchgreifend. Auch diesmal werden die Arbeitnehmer nicht automatisch von den Supermaschinen profitieren. Ob die geschwächten Gewerkschaften diesmal höhere Löhne durchsetzen, ist allerdings fraglich. Ein Überangebot an mechanischer und menschlicher Arbeitskraft drückt in einer Marktwirtschaft die Löhne.

Dagegen ist die Vision überzeugend, Arbeiter zu Kapitalisten zu machen. Weil dann der Kapitalismus die Welt nicht zurück ins Mittelalter beamen kann. Aber nicht nur deshalb. Breite Massen an den Gewinnen zu beteiligen, ist ein Schlüssel im Kampf gegen die Ungleichheit. Aktien werfen auf lange Sicht deutlich mehr ab als andere Anlageformen, ohne viel riskanter zu sein. Wer Aktien besitzt, partizipiert am Herzstück des Kapitalismus, den Firmen und ihren Gewinnen. Deshalb lässt sich der kapitalistische Trend zur Ungleichheit austricksen, wenn eben nicht nur ein paar wenige Bürger die Unternehmen besitzen. Sondern alle.

Um das zu realisieren, gibt es mehrere Wege. Zum einen könnten Arbeitnehmer direkt an den Gewinnen ihrer Unternehmen beteiligt werden. Zum anderen könnten sie Aktien bekommen. Damit sie nicht nur vom Wohl und Wehe einer Firma abhängig sind, sollten sie an vielen Firmen beteiligt sein. Etwa mit staatlich beaufsichtigten, privat gemanagten Anlagefonds. Natürlich bedarf es dazu eines großen Plans, in dem alle Details ausgearbeitet sind.

Mit Eigentum sind die Arbeitnehmer selbstbestimmter, als wenn der Staat ihnen Almosen gibt. Deshalb sind Arbeiterkapitalisten die bessere Lösung als ein Grundeinkommen, das sowohl Linke wie Kapitalisten aus dem Silicon Valley forcieren. Eigentumsanteile geben einen Anspruch. Almosen wie ein Grundeinkommen kann die Regierung streichen, wenn sie den Reichen im Silicon Valley und anderswo zu teuer werden. Eigentumsanteile verhindern Fehlentwicklungen des Kapitalismus wie in Pirmasens, wo am Ende des Schuhbooms die Fabrikanten ihre Konten und ihre Villen behielten und die entlassenen Arbeiter nichts.

Natürlich gibt es Hindernisse auf dem Weg zu Arbeiterkapitalisten. Die Begeisterung der Silicon-Valley-Milliardäre für das Grundeinkommen deutet an, worum es geht:

Almosen bedeuten nichts, Eigentumsanteile bedeuten Macht. Und Macht teilen Besitzende ungern. Nur mit einem starken politischen Auftritt lassen sich Aktien für alle durchsetzen. Sie sind ja geradezu eine Attacke auf die liberale Ideologie, wonach es schon richtig ist, dass viele fast nichts haben. Andererseits: Es müsste doch die Mehrheit der Bürger hinter einem Plan zu versammeln sein, der ihnen Wohlstand sichert?

Arbeitnehmer brauchen signifikanten Aktienbesitz, um daraus Einkommen zu generieren. Um ein Zehntel des Durchschnittslohns von 3000 Euro zu erreichen, ist bei fünf bis acht Prozent Rendite zwischen 45 000 und 70 000 Euro Aktienbesitz nötig. Woher soll der kommen, wenn die meisten Deutschen kaum etwas besitzen? Arbeitnehmer müssten den Besitz langsam aufbauen, es müsste ein Teil des Lohns hineinfließen – und der Staat müsste diese Strategie zum flächendeckenden Vermögensaufbau massiv fördern. Durch Steueranreize, Zuschüsse und eine Abgabe auf größere Vermögen, die das Kapital für die breite Masse aufzubauen hilft. Das klingt nach viel Wenn und Aber. Andererseits: Es müsste doch die Mehrheit der Bürger hinter einem Plan zu versammeln sein, der ihnen Wohlstand sichert?

Für den Aktienplan müssen ein paar Traditionalismen abgeräumt werden. Gewerkschafter sind oft gegen Aktien, weil besitzende Arbeitnehmer womöglich weniger auf Gewerkschaften angewiesen sind. Sozialdemokraten, Grüne und Linke sind oft gegen Aktien, weil sie die für das Werkzeug des kapitalistischen Beelzebub halten. Beide Gruppen müssten überzeugt werden. Nur mit ihnen lässt sich ein Plan durchsetzen, der den Reicheren ihr Aktienmonopol entwindet. Sind jene links der Mitte gegen einen Plan, der explizit ihrer Klientel dient, mangelt es an der politischen Kraft. Mit dieser Kraft aber ließe sich ein geniales Werkzeug schaffen.

Im Kapitalismus gibt es einen Trend zur Ungleichheit. Gleichzeitig scheint der Kapitalismus als Wirtschaftssystem zumindest derzeit alternativlos, nachdem die sozialistischen Versuche krachend untergingen. Müssen wir die Ungleichheit ertragen, weil der Kapitalismus so effizient ist? Der Aktienplan zeigt einen Ausweg aus diesem Dilemma. Er bremst den Ungleichheitstrend, ohne den Kapitalismus als Quelle wirtschaftlichen Erfolgs zu zerstören.

Dazu müsste sich einiges am Anlageverhalten der Deutschen verändern. Der Aktienplan wäre einzubetten in eine staatliche Gesamtstrategie, die das Vermögen breiter Massen mehrt – und nicht wie bisher die Gewinne von Banken und Versicherern, die den Kunden Sparkonten, Bausparverträge und Lebensversicherungen aufdrängen. Was schiefläuft, demonstriert die Studie der Zentralbanken, wonach die Deutschen weniger als halb so viel besitzen wie der Schnitt der Euro-Bürger.

Die staatliche Vermögenspolitik ändert an diesen erschreckenden Befunden bisher wenig. In einem Gutachten für die Bundesregierung listen Forscher ihre Schwächen auf. »In der Praxis zeigt sich, dass die Ziele der staatlichen Vermögenspolitik nicht transparent nachzuvollziehen sind«, heißt es da etwa. Sehr Einkommensschwache müssten überhaupt erst mal in die Lage versetzt werden, etwas zu sparen, wozu das Gesetz nichts beitrage. Empirisch zeigt sich außerdem, »dass von der Arbeitnehmer-Sparzulage nur ein geringer Anreiz zu sparen ausgeht«. Die Realität ist entsprechend: Von 2003 bis 2008 schrumpfte die Zahl der Arbeitnehmer, die durch den Arbeitgeber gefördert Vermögen ansparen, um eineinhalb Millionen. Am beliebtesten sind die fragwürdigen Bausparverträge, die ihren Anteil steigerten.[2]

Vermögensbildung ist ein politisches Randthema, für das sich keine Regierung ins Zeug legt. Ganz so, als hätten alle Deutschen genug Geld. Als wären sie in der Lage, Klippen des Lebens vom Verlust des Arbeitsplatzes über eine Scheidung bis zu Alter und Pflege zu meistern. Die Realität sieht anders aus. Deshalb muss Vermögensbildung im gespaltenen Deutschland zur Priorität werden. Und zwar ganz anders als bisher: mit deutlich höheren staatlichen Zuschüssen. Und mit einer Konzentration auf Anlageformen, die nicht auf die Gewinne der Finanzkonzerne ausgerichtet sind, wie Sparkonten und Lebensversicherungen. Sondern auf Gewinne der Kunden, wie Aktien und Immobilien. Mit beiden lässt sich ernsthaft Ertrag erzielen. Und durch ein Eigenheim eine lebenslange Miete ersetzen, die in manchen deutschen Städten schon die Hälfte des monatlichen Nettoeinkommens auffrisst.[3] Es ist kein Zufall, dass 70 bis 80 Prozent der Italiener und Spanier ein Heim ihr Eigen nennen – und gleichzeitig viel mehr Vermögen besitzen als die Deutschen.

Um die Ungleichheit zu reduzieren, »müsste die Masse der Deutschen auch ihr Geld breiter anlegen, etwa stärker in Aktien«, fordert der Verteilungsforscher Markus Grabka. »Die Amerikaner haben es vorgemacht, eine stärkere Anlage in Aktien führt in der langen Frist zu einem schnelleren Vermögensaufbau.«

Für ein anderes Anlageverhalten müssen Gewohnheiten beim Sparen überwunden werden, die über Jahrzehnte entstanden. Banken und Versicherer halten die Deutschen fest im Griff, oft mithilfe des Staates. So waren Erträge aus Lebensversicherungen jahrzehntelang steuerfrei – ein Bonus gegenüber anderen Anlagen, der sich nur mit Einflussnahme auf die Politik erklären lässt. »Die Branche verfügt über sehr viel Geld und eine sehr gut organisierte Lobby«, erlebt Niels Nauhauser. Der Stuttgarter Verbraucherschützer beobachtet, wie die Versicherer Sparer mit dem Argument der Sicherheit ködern. Unterstützt durch den Staat, der ihnen einen garantierten Zins ausrechnet, mit dem sie Kunden fangen können: »Mit dem Garantiezins haben die Vertreter immer geworben. Damit hoben sie sich ab von Aktienfonds. Die garantieren ja nichts. Durch diese Panikmache verkauften die Vertreter ihre provisionsträchtigen Versicherungen. Dieses Werbemittel hat ihnen der Staat geschenkt. In anderen Ländern gibt es so was wie Garantiezinsen nicht.« Wenn die Gebühren der Konzerne abgezogen sind, bleiben bei Lebensversicherungen aktuell im Schnitt 0,4 Prozent Rendite auf die Beiträge übrig, rechnet eine Rating-Agentur vor.[4]

Um die Deutschen aus den Klauen der Finanzindustrie zu befreien, sollten sie unabhängige Beratung bekommen. Wie ein Arzt keine Provision für das Verschreiben eines bestimmten Medikaments kassieren darf, sollte der Staat Provisionen für Finanzberater verbieten. Und Finanzärzte etablieren, die die Menschen gegen Honorar unabhängig beraten. Die Deutschen glauben, sie bekämen kostenlose Beratung bei der Bank oder Versicherung – in Wahrheit bezahlen sie diese Kostenfreiheit teuer. Und sie informieren sich hingebungsvoll über das richtige Auto, wissen aber kaum etwas über Geldanlage.

Was tun? Erstens sollten die Grundlagen künftig in der Schule vermittelt werden. Der zweite Schritt wären unabhängige Berater. Und der dritte eine staatlich subventionierte Beratung bei den Verbraucherzentralen für jeden Bürger alle fünf Jahre, damit er die besten Entscheidungen für seine Lebenslage treffen kann.

All das würde helfen, die Deutschen in Richtung aussichtsreicher Anlagen wie Aktien und Immobilien zu lenken. Das ist nicht nur wichtig, damit sie mehr Vermögen bilden. Es ist auch die entscheidende Voraussetzung dafür, dass sie die staatlichen Rentenkürzungen durch private Vorsorge auffangen können. Denn die Vorsorge mit Riester-Verträgen, wie sie die Bundesregierung zur Jahrtausendwende konzipierte, funktioniert schlecht. 80 Prozent der Bürger mit Anspruch auf Zuschüsse sparen zu wenig an, um ihre Rentenlücke auszugleichen. Gleichzeitig sinkt das Rentenniveau selbst nach Prognosen der Bundesregierung von knapp 60 Prozent des Durchschnittslohns vor dreißig Jahren bis in 30 Jahren auf 42 Prozent. Damit könnten Millionen Deutsche im Alter schlechter dastehen, als sie denken. Eine Schreckensvision für ein alterndes Volk, das immer mehr Jahre im Ruhestand verbringt: Wer heute in den Ruhestand geht, lebt noch fast 20 Jahre – fast 50 Prozent länger als Senioren von 1960.

Daher ist es Zeit für eine durchgreifende Reform. Sie müsste das Rentenniveau stabilisieren und gleichzeitig verhindern, dass die Arbeitnehmer von morgen immer höhere Beiträge zahlen. Dazu bedarf es eines solidarischen Alterssystems für alle, in das auch Selbständige und Beamte einzahlen. Die Deutschen müssten länger arbeiten, wenn sie länger leben, was laut Umfragen auch viele tun möchten. Die Regierung müsste Geschenke wie die Rente mit 63 für die in der Regel gut versorgte aktuelle Seniorengeneration zurücknehmen. Und sie müsste die Riester-Vorsorge verbessern. »Bei der Riester-Rente lässt die

Rendite zu wünschen übrig«, kritisiert Markus Grabka. Der Verteilungsforscher schlägt mehr Aktienanlage vor, um das zu verbessern. Eine Hilfe wären Standardprodukte mit niedrigen Gebühren – also genau das, was die Finanzindustrie damals beim Riester-Start durch Druck auf die Politik verhinderte. Verbraucherschützer Nauhauser empfiehlt das schwedische Modell. Dort zahlen die Bürger in einen staatlich organisierten Investmentfonds, der von Finanzprofis gemanagt wird – zu niedrigen Gebühren. »Die Deutschen könnten eine doppelt so hohe private Rente erzielen wie bei vielen bisherigen Riester-Produkten«, sagt er. Der Deutschlandfonds, von hessischen Politikern unterschiedlicher Parteien vorgeschlagen, geht in diese Richtung.

Mehr Aktienbesitz, mehr Immobilien und umfassende Vorsorge: Das würde den Deutschen echtes Vermögen bescheren, das ihnen ein besseres Leben ermöglicht. Das klingt sehr ambitioniert? Genau wie die übrigen Vorschläge, die in den letzten vier Kapiteln dieses Buchs ausgebreitet werden? In der Tat: Die etablierten Parteien haben sich so mit Deutschland als gespaltenem Land abgefunden, dass ein Gegensteuern manchmal unwahrscheinlich wirkt.

Doch anders als die Parteien finden sich die Bürger immer weniger mit der Spaltung ab. Abstiegsängste und Aggressionen nehmen zu. Im Land zeigen sich soziale Unruhe und feindselige Stimmung, die es lange nicht erlebt hat. In den USA und Großbritannien haben Populisten schon die Macht erobert. Auch in Deutschland droht der Siegeszug der AfD die Republik zu verändern. Aus einer Gemeinschaft von Normalbürgern, die einen harten Alltag schultern, obwohl sie dafür nur überschaubar honoriert werden, könnte etwas anderes werden: Menschen, die nicht mehr bereitwillig hart arbeiten, Steuern zahlen und Rentner finanzieren. Sondern sich von Wut und Frust leiten lassen, wohin auch immer. Bei der Berlin-Wahl 2016 machten die meisten Arbeitslosen ihr Kreuzchen bei der AfD. Von den Arbeitern wählten 18 Prozent SPD – und 27 Prozent AfD. »Offensichtlich sprechen wir die Sprache der Arbeiter«, freute sich Spitzenkandidat Georg Pazderski.

Es kristallisiert sich heraus, dass Deutschland vor zwei Alternativen steht. Die bessere wäre ein entschiedenes Programm gegen Ungleichheit. Mit mehr Netto für breite Schichten. Mehr Chancengleichheit, damit der Beruf nicht mehr von der Herkunft abhängt. Mit einem Staat als Partner, der Benachteiligte fördert. Mit mehr Eigentum in Aktien und Immobilien, die eine bessere Zukunft schenken.

Die schlechtere Alternative wäre, es einfach so weiterlaufen zu lassen wie bisher. Mit stagnierenden Löhnen, finanzieller Knappheit, Angst vor Abstieg und Alter. Mit der politischen Unruhe, die das auslöst.

In Deutschland könnte es knallen, bis das Land nicht wiederzuerkennen ist.

Dank

Bei der Recherche zu diesem Buch habe ich enorm von Gesprächen mit vielen Fachleuten profitiert, denen hier stellvertretend gedankt sei. Besonders intensiv war der Austausch u.a. mit Markus Grabka vom DIW-Institut, Ludger Wößmann vom Ifo-Institut, Michael Förster von der OECD, Joachim Möller vom IAB-Institut, Thomas Lampert vom Robert-Koch-Institut und Niels Nauhauser von der Verbraucherzentrale Baden-Württemberg. Nicht möglich gewesen wäre das Buch ohne die Zeit, die die Akteure in Pirmasens, Starnberg und Nürnberg und die Protagonisten in anderen Kapiteln dem Autor geschenkt haben. Vielen Dank! Möglich gemacht haben das Buch Stefan Ulrich Meyer, Programmleiter Sachbuch, und seine Kollegen bei Droemer Knaur sowie die Agentin Rebekka Göpfert. Die Journalistenkollegin Pia Ratzesberger gab wertvolle Hinweise. Meine geliebte Frau Hannah hat einen beschäftigten Mann ertragen, der sich nun wieder mehr um Juri, Jonah, Jascha und Janis kümmert, die fest in seinem Herzen sind.

Anmerkungen

Willkommen in einem gespaltenen Land

1 Statistisches Bundesamt, zitiert nach Jan Goebel et. al., Einkommensungleichheit in Deutschland bleibt weiterhin hoch, DIW Wochenbericht 2015, Nr. 25, zweite Zahl ebendort.

2 Bezogen auf die 34 OECD-Staaten laut OECD-Generalsekretär Ángel Gurría, zitiert nach Wirtschaftswoche.de, 21.5.2015

3 Deutsche Bundesbank, Monatsbericht März 2016. OECD, In It Together, 2015. Bundesbank, Panel on Household Finances 2013. Europäische Zentralbank: The Eurosystem Household Finance and Consumption Survey, Statistics Paper Series, April 2013, No. 2

4 Die obersten zehn Prozent verdienen fast siebenmal so viel wie die untersten zehn Prozent, während es in den 80er Jahren erst fünfmal so viel war. OECD, In It Together, 2015

5 Boston Consulting Group, Global Wealth Report 2016

6 Anne Applebaum, Is This the End of the West as We Know It?, Washington Post, 4.3.2016

1. Wie aus Arbeitsplätzen Jobs wurden

1 Die Passagen über die Stadt basieren auf Gesprächen u.a. mit Pfarrer Norbert Becker, Peter-Kaiser-Geschäftsführer Marcus Ewig, Familie Heigert, Sabine Kober vom Pakt für Pirmasens, Bürgermeister Bernhard Matheis, Hans-Joachim Omlor, dem Leiter der Arbeitsagentur, Uwe Thamm,

Geschäftsführer des Germany International Shoe Competence Center Pirmasens, und Maximilian Zwick aus der Pressestelle der Stadt im Mai und Juni 2016

2 Pirmasens hatte mit 8841 Euro Schulden je Einwohner im Jahr 2013 laut Bertelsmann-Stiftung die höchsten Schulden einer Kommune, Kommunaler Finanzreport, 2015. Laut Schufa Privatverschuldungsindex 2016 leben in Pirmasens die meisten Schuldner im Land.

3 Namen der Familie auf deren Wunsch geändert

4 Die Zahlen beziehen sich auf 25- bis 55-Jährige, Jan Paul Heisig, Heike Solga, Ohne Abschluss keine Chance, WZ-Brief Arbeit 19, Januar 2015

5 Aussichtslos?, DGB Arbeitsmarkt aktuell Juni 2015

6 Dieter Bogai, Tanja Buch und Holger Seibert, Kaum eine Region bietet genügend einfache Jobs, IAB-Kurzbericht 11/2014

7 Für jedes Jahr Arbeitslosigkeit eines westdeutschen Facharbeiters erhöht sich die Arbeitslosigkeit des Sohnes im Schnitt um sechs Wochen, Steffen Müller et al.: Intergenerational Transmission of Unemployment, Jahrbücher für Nationalökonomie und Statistik, Vol. 235, 2015

8 Michael Kind, Start Me Up. How Fathers' Unemployment Affects Their Sons' School-to-Work Transitions, Ruhr Economic Paper 2015, No. 583

9 Zitate in diesem Kapitel aus Gespräch am 21.7.2016; Joachim Möller, Kleine Angestellte werden die neuen Armen. Stimmt's? Spiegel Online, 29.01.2014; Joachim Möller, Lohnungleichheit – Gibt es eine Trendwende?, IAB Discussion Paper, 9/2016

10 Zum Beispiel Angus Deaton, The Great Escape, Princeton University Press, 2013: 1980 lebten 40 Prozent der Menschen von einem Dollar am Tag, heute sind es nur noch 14 Prozent.

11 Ralf Dahrendorf, Die Globalisierung und ihre sozialen Folgen werden zur nächsten Herausforderung einer Politik der Freiheit. An der Schwelle zum autoritären Jahrhundert. Die Zeit, 14.11.1997

12 Direkt sind es nur sechs Prozent, inklusive Fonds 14 Prozent laut Deutschem Aktieninstitut.

13 Alle Zitate von Michael Förster aus Gesprächen am 16./17.6.2016

14 Für einige Daten und Thesen der letzten Absätze siehe OECD, In It Together, 2015, etwa: »In a majority of OECD countries, standard jobs have disappeared in the middle of the distribution in terms of wages and skill, while non-standard jobs have contributed to an increase in jobs at both ends of the distribution. Non-standard jobs tend to pay lower wages than standard jobs, especially at the bottom of the earnings distribution, thereby raising earnings inequality.«

15 Jan Goebel et. al., Einkommensungleichheit in Deutschland bleibt weiterhin hoch, DIW Wochenbericht 2015, Nr. 25

16 OECD, Divided We Stand, 2011

17 Friso Schlitte, Qualifikatorische Trennung in der Produktion, HWWI Insights, 02/2010

18 David Card, zitiert nach Joachim Möller, Lohnungleichheit. Gibt es eine Trendwende?, IAB Discussion Paper 9/2016

19 IAB-Betriebspanel 2016. Daniel Baumgarten et. al., Wachsende Lohnungleichheit in Deutschland, Bertelsmann-Stiftung/Ifo-Institut 2015

20 Gabriel Felbermayr et. al, Tarifbindung im Einzelhandel, ifo Schnelldienst 68/2015, Nr. 11

21 Der Manager bleibt auf Wunsch anonym.

22 »Es dürften auf lange Sicht einige 100 000 Stellen im Niedriglohnbereich wegfallen oder in die Schattenwirtschaft abwandern, wenn es rasch und ohne Differenzierung zu Mindestlöhnen von 8,50 Euro pro Stunde kommt«, so der Vorsitzende der Wirtschaftsweisen, Christoph Schmidt, faz.net, 25.01.2014

23 Zahlen zu Sovos und Unges aus OECD, In It Together, 2015

24 Joachim Möller, Lohnungleichheit – Gibt es eine Trendwende?, IAB Discussion Paper, 9/2016

25 Gerhard Bosch, Thorsten Kalina, Die Mittelschicht in Deutschland unter Druck, IAQ-Report 4/2015

26 Der Gini-Koeffizient stieg nach der Wiedervereinigung nur von gut 0,25 auf 0,27, aber ab Mitte der Neunziger von 0,26 auf fast 0,30. OECD, In It Together, 2015. Ein Gini-Koeffizient von eins bedeutet maximale Ungleichheit (ein Bürger verdient das ganze Einkommen). Null bedeutet, jeder verdient das Gleiche.

27 Grabka bezieht sich auf den Monatsbericht der Bundesagentur für Arbeit, wonach im April 2016 7,3 Millionen Menschen ausschließlich oder im Nebenerwerb geringfügig beschäftigt waren.

2. Gewinnexplosion und Villenglück

1 Schilderungen aus Starnberg beruhen u. a. auf Gesprächen mit Maklerin Carmen Gottschalk, Landrat Karl Roth, Wirtschaftsreferent Christoph Winkelkötter, Arzt Rüdiger Kuntz und Gesprächspartnern, die anonym bleiben möchten, im Juli/August 2016

2 Markus Grabka, Christian Westermeier, Anhaltend hohe Vermögensungleichheit in Deutschland, DIW Wochenbericht 9/2014

3 GfK Kaufkraft Deutschland 2016. Starnberg- und Deutschland-Daten für 2013, Bayerisches Landesamt für Statistik. Pirmasens-Daten 2012, Rheinland-Pfälzisches Landesamt für Statistik

4 Manfred Lange, Bei Managergehältern versagt die Aufsicht, FAZ, 20.6.2016. Dax-Gehälter aus Qendresa Berisha, Marion Weckes, Manager to Worker Pay Ratio, Hans-Böckler-Stiftung Oktober 2016, ähnlich Deutsche Schutzvereinigung für Wertpapierbesitz (DSW) und TU München 2015. Wiedeking-Gehalt laut Anklageschrift der Staatsanwaltschaft Stuttgart, Spiegel 4/2015. Abfindung laut seinem Anwalt, SZ, 18. Mai 2010

5 Verteilungsbericht des WSI-Instituts der Hans-Böckler-Stiftung 2015

6 Markus Grabka, Christian Westermeier, Anhaltend hohe Vermögensungleichheit in Deutschland, DIW Wochenbericht 9/2014

7 OECD, Divided We Stand, 2011. OECD, In It Together, 2015

8 Anthony Atkinson, Ungleichheit, Klett-Cotta 2016

9 Im Durchschnitt der OECD-Staaten sind es dagegen 50 Prozent.

10 OECD, In It Together, 2015. Markus Grabka, Christian Westermeier, Anhaltend hohe Vermögensungleichheit in Deutschland, DIW Wochenbericht 9/2014, Gespräch Markus Grabka 27.6.2016

11 Laut EU-Kommission, Alexander Hagelüken, Die Blutspur des Geldes, SZ, 9.3.2013

12 DIW-Forscher Stefan Bach, Deutsches Institut für Altersvorsorge nach Alexander Hagelüken, Viel für wenige, Süddeutsche Zeitung, 7.10.2015

13 Stefan Bach, Thomas Mertz, Vor der Erbschaftsteuerreform, DIW Wochenbericht 36/2016

14 Gespräch Markus Grabka, 24.8.2015

15 Daniel Baumgarten et. al., Wachsende Lohnungleichheit in Deutschland, Bertelsmann-Stiftung/Ifo-Institut, 2015

16 OECD, In It Together, 2015

17 Silke Tophoven et. al., Kinder- und Familienarmut, IAB-Institut, Bertelsmann-Stiftung, 2015

18 Porsche-Preise Juli 2016. Verfügbares Einkommen in Deutschland 2013 im Schnitt 20 500 Euro, Bayerisches Landesamt für Statistik. Lebensarbeitszeit in Deutschland 2014 38 Jahre, Eurostat

3. Todesurteil: Zu wenig verdient

1 Zitiert nach Angus Deaton, The Great Escape, Princeton University Press, 2013
2 Gespräch 22.4.2016
3 Angus Deaton, The Great Escape, Princeton University Press, 2013
4 Robert-Koch-Institut, Gesundheit in Deutschland, 2015
5 Die folgenden Absätze stützen sich unter anderem auf Gespräche mit Matthias Richter und Thomas Lampert (30.3./22.4.2016); Monika Jungbauer-Gans et al., Handbuch Gesundheitssoziologie, Springer 2016; Robert-Koch-Institut, Gesundheit in Deutschland, 2015
6 Interview Handelsblatt, 1.4.2016
7 Max-Planck-Institut für demografische Forschung, zitiert nach Alexander Hagelüken, Arme Männer sterben früher, SZ, 11.10.2013

4. Italiener und Griechen sind reicher oder: Der Bankrott des deutschen Sparers

1 Deutsche Bundesbank, Vermögen und Finanzen privater Haushalte in Deutschland: Ergebnisse der Vermögensbefragung 2014, Monatsbericht März 2016
2 Nauhausers Aussagen basieren auf einem Gespräch am 14. Juli 2016
3 Zitate von Stefan Kooths aus einem Gespräch im Februar 2016
4 Zitiert nach Gerald Braunberger, Der Aktionär und die Angst vor dem Crash, FAZ, 27.8.2016
5 The Eurosystem Household Finance and Consumption Survey, Statistics Paper Series, April 2013, No. 2. Warum für den Vergleich den mittleren Wert oder Median heranziehen und nicht die bekanntere Größe Durchschnitt? »Der Wohlstand des durchschnittlichen Haushalts wird besser durch

den Median gemessen«, schreiben die Forscher der Bundesbank. Der deutsche Durchschnitt werde von den Vermögenswerten einer relativ kleinen Zahl reicher Haushalte nach oben gezogen. Deutsche Bundesbank, Panel on Household Finances, 2013

6 Interview Bild-Zeitung, zitiert nach Focus Money 15. Mai 2013

7 OECD, Renten auf einen Blick, 2013

8 OECD, Pensions at a Glance, zitiert nach Kerstin Schwenn, Deutsche Rentner bekommen weniger als andere Europäer, FAZ, 26.4.2013

9 Deutsche Bundesbank, Vermögen und Finanzen privater Haushalte in Deutschland: Ergebnisse der Vermögensbefragung 2014, Monatsbericht März 2016

10 Klaus Adam et. al., Distributional Consequences of Asset Price Inflation in the Euro Area, Diskussionspapier der Deutschen Bundesbank, 2015, Nr. 27

11 Die reichsten zehn Prozent besitzen 60 Prozent des Nettovermögens, im Schnitt von 34 OECD-Industriestaaten sind es nur 50 Prozent. Deutsche Bundesbank, Vermögen und Finanzen privater Haushalte in Deutschland: Ergebnisse der Vermögensbefragung 2014, Monatsbericht März 2016. OECD, In It Together, 2015

5. Die Republik der Habenichtse

1 Statistisches Bundesamt. Jan Goebel et. al., Einkommensungleichheit in Deutschland bleibt weiterhin hoch, DIW Wochenbericht 2015, Nr. 25

2 Markus Grabka, Christian Westermeier, Reale Nettovermögen der Privathaushalte in Deutschland sind von 2003 bis 2013 geschrumpft, DIW-Wochenbericht 34/2015

3 Von 2010 bis 2016, Angebotspreise, empirica Preisdatenbank

4 Studie des Instituts der Deutschen Wirtschaft, zitiert nach Das Armutsrisiko ist in München höher, FAZ, 9.8.2016

5 Auswertung des Immobilienportals Immonet
6 Kate Pickett, Richard Wilkinson, Gleichheit ist Glück, Haffmans Tolkemitt 2010
7 Die folgenden Armutsrisikodaten aus Jan Goebel et. al., Einkommensungleichheit in Deutschland bleibt weiterhin hoch, DIW Wochenbericht 2015, Nr. 25
8 Gespräch Markus Grabka, 24.8.2015
9 Gespräch Sophie Schartner, 26.10.2016 und Alexander Hagelüken, Pia Ratzesberger, Ungleiche Nachbarn, SZ, 4.7.2015
10 Alexander Hagelüken, Keiner will dich, SZ, 12.12.2015
11 Ulrich Schneider, Kampf um die Armut, Westend, 2015

6. Ungleichheit fördert die Wirtschaft? Über den Tod eines neoliberalen Mantras

1 Möller-Zitate in diesem Kapitel aus Gespräch am 21.7.2016 und Joachim Möller, Lohnungleichheit. Gibt es eine Trendwende?, IAB Discussion Paper 9/2016
2 OECD-Daten und Zitate in diesem Kapitel aus OECD, In It Together, 2015, Gespräche Michael Förster 16./17.6. 2016, OECD-Website
3 Zitiert nach Anthony Atkinson, Ungleichheit, Klett-Cotta 2016
4 Jan Behringer, Thomas Theobald, Till van Treeck, Ungleichheit und makroökonomische Instabilität, Friedrich-Ebert-Stiftung, August 2016
5 Andreas Friedl et. al., How to Deal with Inequality, Kiel Policy Brief, Mai 2015, No. 85

7. Warum Ärzte keine Krankenschwestern mehr heiraten

1 Grabka-Zitate des Kapitels aus Alexander Hagelüken, Hannah Wilhelm, Interview Markus Grabka, Süddeutsche Zeitung 26.6.2009

2 Hans-Peter Blossfeld et. al., Das Bildungssystem als Heiratsmarkt, Arbeitspapier Sfb 186 43 Universität Bremen, 1997. Alexander Hagelüken, Ungleichheit durch Heirat, Süddeutsche Zeitung 30.1.2014. Jan-Martin Wiarda, Interview mit Hans-Peter Blossfeld, Zeit, 9.8. 2012
3 Gustaf Bruze, Male and Female Marriage Returns to Schooling, International Economic Review, February 2015
4 Alexander Hagelüken, Ungleichheit durch Heirat, Süddeutsche Zeitung 30.1.2014
5 Christoph Schröder, Einkommensungleichheit und Homogamie, IW Trends, März 2011
6 OECD: Growing Income Inequality in OECD Countries, 2011
7 Ein Gini-Koeffizient von eins bedeutet maximale Ungleichheit (ein Bürger verdient das ganze Einkommen), null bedeutet gleiche Verteilung, jeder verdient das Gleiche. Jeremy Greenwood et. al., Assortative Mating and Income Inequality, NBER Working Paper No. 19829, January 2014
8 Statistisches Bundesamt 2014
9 Jan-Martin Wiarda, Interview mit Hans-Peter Blossfeld, Zeit, 9.8.2012
10 Statistisches Bundesamt, zitiert nach Prognos-Institut, Alleinerziehende wirksam unterstützen, 2015 und Pressemitteilung Bundesfamilienministerium 30.12.2015
11 Pew Research Center, Parenting in America, 17.12.2015
12 Claire Cain Miller, Class differences in Child-Rearing are on the rise, New York Times, 17.12. 2015
13 Sean F. Reardon, The widening academic achievement gap between the rich and the poor: New evidence and possible explanations. In R. Murnane & G. Duncan, Whither Opportunity?, New York: Russell Sage Foundation Press, 2011

8. Die neue Bildungskatastrophe

1 Hat Georg Picht Recht behalten? Die Zeit, 6/2014

2 Ludger Wößmann, Die entscheidende Säule, Wirtschaftswoche Global, 24.6.2013. Eric. A. Hanushek et. al., »Returns to Skills around the World«, NBER Working Paper No. 19762, 2013

3 20. Sozialerhebung des Deutschen Studentenwerks 2013, zitiert nach Vortrag Ludger Wößmann, Augsburg 2014

4 Pisa-Konsortium Deutschland 2005, zitiert nach Vortrag Ludger Wößmann, Augsburg 2014. Die Daten haben sich nach seinen Angaben nicht verbessert. Nach einer Studie des Bundesbildungsministerium haben Jugendliche aus der Oberschicht ungefähr dreimal so hohe Chancen, ein Gymnasium anstelle einer Realschule zu besuchen, wie Jugendliche aus Arbeiterfamilien mit gleicher Begabung und gleichen Fachleistungen, zitiert nach Ann-Katrin Müller et. al., Das Schattenreich, Spiegel, 12.3.16

5 Blossfeld-Zitate im Kapitel aus dem Interview von Jan-Martin Wiarda, Zeit, 9.8.2012

6 Ulrike Heidenreich, Kindheit ohne Aussicht, Süddeutsche Zeitung, 1.6.2016

7 Ángel Gurría in Brian Keeley, Income Inequality, OECD Insights, Dezember 2015

8 Pierre Bourdieu, Jean-Claude Passeron, Die Illusion der Chancengleichheit, Klett-Cotta 1971

9 Wößmann-Zitate und Daten aus Gespräch 18.5.2016. Alexander Hagelüken, Hannah Wilhelm, Interview Ludger Wößmann, Süddeutsche Zeitung, 24.5.2013. Ludger Wößmann, Die entscheidende Säule, Wirtschaftswoche Global, 24.6.2013. Vortrag Ludger Wößmann, Augsburg 2014 zitiert u.a. Manfred Prenzel et. al., Pisa 2012, Waxmann Verlag 2013

10 Jan Paul Heisig und Heike Solga, Ohne Abschluss keine Chance, WZBrief Arbeit 19, Januar 2015

11 Achim Schmillen et. al., Lebensverdienste nach Qualifika-

tion: Bildung lohnt sich ein Leben lang, IAB-Kurzbericht 1/2014
12 Institut der deutschen Wirtschaft: MINT-Frühjahrsreport 2016
13 Möller-Zitate in diesem Kapitel aus Gespräch 21.7.2016
14 Allensbach-Umfrage 2011

9. Der Abstieg der Mittelschicht

1 Gerhard Bosch, Thorsten Kalina, Die Mittelschicht in Deutschland unter Druck, IAQ-Report 4/2015
2 Die Zahlen in diesem Kapitel stammen, so nicht anders gekennzeichnet, aus Markus Grabka et. al., Mittlere Einkommen in Deutschland und den USA, DIW Wochenbericht 18/2016
3 Statistisches Bundesamt, zitiert nach Marcel Fratzscher, Der Verteilungskampf, Hanser 2016
4 Gespräch Joachim Möller, 21.7.2016
5 DGB, Arbeitsmarkt aktuell 2014, Nr. 2
6 Timm Bönke und Holger Lüthen, Lebenseinkommen von Arbeitnehmern in Deutschland, DIW Wochenbericht 49/2014
7 Ann-Kathrin Müller et. al., Das Schattenreich, Spiegel, 12.3. 2016
8 Gespräch Ludger Wößmann 18.5.2016
9 WSI-Verteilungsbericht 2015
10 Statistisches Bundesamt, DIW, IAB, zitiert nach Ann-Kathrin Müller, Ann-Kathrin Nezik, Die Ohnmächtigen, Spiegel, 28/2016

10. Ein politisches Erdbeben

1 Roger Cohen. The bitter class, New York Times, 8.4.2016
2 Financial Times, 28.9.2016
3 Gespräch 27.5.2016, Wellman bat um Anonymisierung.

4 Milanović-Zitate aus Eduardo Porter, We've Seen the Trump Phenomenon Before, New York Times, 25.5.2016 sowie aus Interviews in Zeit, 12.5.2016, und Neue Zürcher Zeitung, 3.7.2016

5 Zitiert nach Klaus Hillenbrand, Wer hat die AfD angekreuzt?, taz, 6.9.2016

6 Robert Gold et. al., Globalization and it's (dis)-content: Trade shocks and voting behavior, NBER Working Paper 21812, Dezember 2015

7 Zitiert nach Olaf Gersemann, Der Nazi-Effekt, Welt am Sonntag, 3.1.2016

8 Infratest Dimap. INSA

9 Allensbach-Umfrage, zitiert nach FAZ, 26.10.2016

10 Roland Döhrn, Heinz Gebhardt, Die fiskalischen Kosten der Finanz- und Wirtschaftskrise, IBES Diskussionsbeitrag März 2013

11 Robert Vehrkamp, Einwurf. Zukunft der Demokratie, 2/2015, Bertelsmann-Stiftung

12 Zitiert nach Julia Klaus, Alexander Neubacher, Der Absturz der Normalos, Spiegel 19/2016

13 Harald Schumann, Die soziale Spaltung treibt der AfD Wähler zu, Tagesspiegel, 21.3.2016

14 Jane Mayer, Donald Trump's Ghostwriter Tells All, New Yorker, 25.7.2016

15 Gespräch 9.11.2016

16 Zitiert nach Stephan Kaufmann, Die Absteiger, Frankfurter Rundschau, 3.8.2016

17 David Autor et al., Importing Political Polarization? NBER Working Paper No. 22637, September 2016

18 Zitiert nach Eduardo Porter, We've Seen the Trump Phenomenon Before, New York Times, 25.5.2016

19 Dahrendorf-Zitate aus: Die Globalisierung und ihre sozialen Folgen werden zur nächsten Herausforderung einer Politik der Freiheit, Zeit, 14.11.1997

20 Who owns the robots rules the world, IZA World of Labor, Mai 2015

21 Sorapop Kiatpongsan, Michael I. Norton, How Much (More) Should CEOs Make? A Universal Desire for More Equal Pay, Perspectives on Psychological Science 9, 2014
22 Institut der deutschen Wirtschaft, zitiert nach Christian Rickens, Die vergessene Mitte, Handelsblatt, 26.2.2016

11. Zeit für einen neuen Gesellschaftsvertrag

1 Umfrage des Ifo-Instituts unter 200 Ökonomen, FAZ, 24.4.2016
2 OECD, In It Together, 2015
3 Bert Rürup, Dem Volk die Angst nehmen, Handelsblatt, 12.9.2016
4 Zitate aus Angus Deaton, The Great Escape, Princeton University Press, 2013
5 Walter-Zitate aus Franz Walter, Der große Ansturm, Freitag, 22.11.2012
6 Gemessen am Gini-Koeffizienten, der Anfang der 60er bis Mitte der 80er Jahre von 0,3 auf 0,25 zurückging, ab Ende der 90er Jahre bis Mitte der Nullerjahre stark anstieg und seitdem bei knapp 0,3 verharrt, siehe Anthony Atkinson, Ungleichheit, Klett-Cotta, 2016, und DIW/Soep laut Gutachten des Sachverständigenrats 2016. Ein Gini-Koeffizient von eins bedeutet maximale Ungleichheit (ein Bürger verdient das ganze Einkommen). Null bedeutet, jeder verdient das Gleiche.

Ausblick: Roboter beherrschen die Welt oder: Es wird noch ungleicher

1 Race Against the Machine, MIT Center for Digital Business, 2012. The Second Machine Age, W. W. Norton & Company, 2014
2 Carl Benedikt Frey und Michael A. Osborne, The Future of

Employment, Oxford University, September 17, 2013, darin finden sich auch die Zitate aus: Frank Levy, Richard J. Murnane, The new division of labor, Princeton University Press, 2004. David Autor et al., The skill content of recent technological change, The Quarterly Journal of Economics, Vol. 118, 2003, No. 4

3 Joachim Möller: Verheißung oder Bedrohung? Die Arbeitsmarktwirkungen einer vierten industriellen Revolution. IAB-Discussion Paper, 18/2015

4 Paul Beaudry et. al., The great reversal in the demand for skill and cognitive tasks. NBER Working Paper, 2013, No. 18901. Dalia Marin, Die brillanten Roboter kommen, FAZ, 21.11.2014

5 Carl Benedikt Frey und Michael A. Osborne, The Future of Employment, Oxford University, September 17, 2013

6 Carl Benedikt Frey und Michael A. Osborne, The Future of Employment, Oxford University, September 17, 2013

7 Dalia Marin, Die brillanten Roboter kommen, FAZ, 21.11.2014

8 Allan Blinder, How many US jobs might be offshorable? World Economics, Vol. 10, 2009, No. 2

9 Nach einer Studie des Instituts für Arbeitsmarkt- und Berufsforschung vom Dezember 2015 sind nur 15 Prozent der Beschäftigten in Deutschland dem Risiko ausgesetzt, dass innerhalb ihres Berufs mehr als 70 Prozent der Tätigkeiten durch Computer übernommen werden. Bei der Hälfte können potenziell 30 bis 70 Prozent automatisiert werden, bei den anderen weniger als 30 Prozent.

10 Schätzung laut Forbes Magazine. Richard Freeman, Who owns the robots rules the world, IZA World of Labor, Mai 2015

11 Thomas Piketty, Das Kapital im 21. Jahrhundert, C.H.Beck 2014

12 Carlos Góes, Testing Piketty's Hypothesis on the Drivers of Income Inequality, IWF Working Paper WP/16/160, August 2016

13 Zitiert nach Jan Willmroth, Im Zeitalter der Verlangsamung, SZ, 30.7.2016
14 Uwe Sunde, Vom Anfang und Ende des Wirtschaftswachstums, FAZ, 15.7.2016
15 Deutsches Institut für Altersvorsorge nach Alexander Hagelüken, Viel für wenige, SZ, 7.10.2015
16 Antonio Brettschneider, Ute Klammer, Lebenswege in die Altersarmut. Duncker & Humblot 2016
17 OECD, Pensions at a glance, 2015
18 Bundesbank Monatsbericht August 2016

12. Umsteuern, um das Land gerechter zu machen

1 Steuern und Abgaben vom Bruttoverdienst plus Sozialbeiträge der Arbeitgeber, gerechnet für Alleinstehende, OECD, Taxing Wages 2016
2 Bundesfinanzministerium, zitiert nach Daniel Baumann, Chancen statt Abstiegsangst, Frankfurter Rundschau, 20.2. 2016
3 OECD, Taxing Wages 2016
4 Jochen Späth, Kai Daniel Schmid: The Distribution of Household Savings in Germany, IMK-Study 50, Oktober 2016
5 OECD, In It Together, 2015
6 Christian Rickens, Die vergessene Mitte, Handelsblatt, 26.2.2016
7 Single ohne Kinder, Gespräch Frank Hechtner, FU Berlin, 6.10.2016
8 Zitiert nach FAZ, 12.9.16
9 Claus Hulverscheidt, Es darf auch wehtun, SZ, 11.6.2016
10 Miriam Ströing et. al., Hochvermögende in Deutschland, DIW Wochenbericht 42/2016
11 OECD, Taxing Wages, 2016
12 Markus Grabka, Christian Westermeier, Anhaltend hohe Vermögensungleichheit in Deutschland, DIW Wochenbericht 9/2014

13 Martin Behrens, Heiner Dribbusch, Behinderung der Betriebsratsarbeit, WSI-Institut 2016
14 Anthony Atkinson, Ungleichheit, Klett-Cotta 2016
15 Grabka-Zitate in diesem Kapitel aus Gesprächen 6.5. 2016, 24.8.2015
16 Gerhard Bosch, Thorsten Kalina, Die Mittelschicht in Deutschland unter Druck, IAQ-Report 4/2015

13. Wie Sackgassen zu Chancen werden

1 Der Name der Schülerin wird auf Wunsch der Betreuer verändert.
2 Ludger Wößmann, Die entscheidende Säule, Wirtschaftswoche Global, 24.6.2013
3 Alexander Hagelüken, Porträt Katharina Spieß, Süddeutsche Zeitung, 8.10.2015
4 20. Sozialerhebung des Deutschen Studentenwerks 2013, zitiert nach Vortrag Ludger Wößmann, Augsburg 2014. Gespräch Ludger Wößmann, 18.5.2016
5 Marco Maurer, Du bleibst, was du bist, Droemer Verlag 2015
6 Alexander Hagelüken, Hannah Wilhelm, Interview Ludger Wößmann, SZ, 24.5.2013
7 Ann-Katrin Müller et. al., Das Schattenreich, Spiegel, 12.3.16
8 Ulrike Heidenreich, Kindheit ohne Aussicht, SZ, 1.6. 2016
9 OECD, In It Together, 2015
10 Interview James Heckman, FAS, 18.3.2012
11 Alexander Hagelüken, Porträt Katharina Spieß, Süddeutsche Zeitung, 8.10.2015
12 C. Katharina Spieß, Johanna Storck: Fachkräfte in der frühen Bildung. Working Paper Forschungsförderung der Hans-Böckler-Stiftung, Nr. 9, Mai 2016
13 Zitiert nach Zeit Online, Eine Erzieherin für neun Kleinkinder, 8.5.2015
14 C. Katharina Spieß, Johanna Storck, Fachkräfte in der frü-

hen Bildung. Working Paper Forschungsförderung der Hans-Böckler-Stiftung, Mai 2016, Nr. 9

15 Armin Falk et al., The Formation of Prosociality: Causal Evidence on the Role of Social Environment, IZA Discussion Paper No. 9861 April 2016

16 Gespräch Ludger Wößmann, 18.5.2016

17 Eric A. Hanushek et al., Does Educational Tracking Affect Performance and Inequality? Differences-in-Differences Evidence across Countries, Economic Journal, Royal Economic Society, vol. 116(510), 2006. Gespräch Ludger Wößmann, 18.5.2016. Vortrag Ludger Wößmann, Augsburg 2014

18 Alexander Hagelüken, Hannah Wilhelm, Interview Ludger Wößmann, Süddeutsche Zeitung, 24.5.2013. Vortrag Ludger Wößmann, Augsburg 2014

19 Gespräche Michael Förster, 16./17.6. 2016, OECD, In It Together, 2015

20 Guido Schwerdt et. al., Effects of Adult Education Vouchers on the Labor Market: Evidence from a Randomized Field Experiment. IZA Discussion Paper No. 5431, 2011

14. Der Staat als Partner

1 Ehsan Vallizadeh, Fluchtmigration und Arbeitsmarktintegration, Vortrag 13.7.2016. Nach Angaben des IAB-Forschers gibt es noch keine repräsentativen Zahlen, aber Hinweise u. a. aus Selbstangaben der Flüchtlinge.

2 Die Passagen über das Nürnberger Projekt basieren auf Gesprächen mit den zitierten und weiteren Teilnehmern und Verantwortlichen im Februar/März/Oktober 2016, teils in kürzerer Form verarbeitet in Alexander Hagelüken, Der erste Job nach 17 Jahren, SZ, 5. März 2016

3 Jobberater, die auf Langzeitarbeitslose spezialisiert sind, haben in der Regel 75 Klienten – deutlich weniger als ein normaler Berater, aber deutlich mehr als im Nürnberger Projekt.

4 Name auf Wunsch der Betroffenen geändert
5 Ann-Katrin Müller, Alexander Neubacher, Die Chancenlüge, Spiegel 20/2015

15. Macht Arbeiter zu Kapitalisten, bevor sie Sklaven werden

1 Richard Freeman, Who owns the robots rules the world, IZA World of Labor, Mai 2015
2 Bernhard Boockmann et. al., Künftige Ausrichtung der staatlich geförderten Vermögensbildung, Endbericht für das Bundesministerium für Wirtschaft und Technologie, November 2013
3 Auswertung des Immobilienportals Immonet für 2014
4 Laut Rating-Agentur Assekurata effektive Beitragsrendite 2015 im Schnitt von 62 Lebensversicherern für einen Vertrag, der 25 Jahre lang bespart wird, zitiert nach Hermann-Josef Tenhagen, Geld verbrennen leicht gemacht, Spiegel Online, 7.5.2016

Melanie Amann

Angst für Deutschland

Die Wahrheit über die AfD: wo sie herkommt, wer sie führt, wohin sie steuert

Angstpartei: die erste kritische Analyse

Die Spiegel-Redakteurin Melanie Amann kennt die AfD wie keine andere Beobachterin. Sie legt die erste umfassende Darstellung dieser jüngsten deutschen Volkspartei vor, ordnet sie historisch ein in die Liste deutscher Rechtsparteien und die europäischen Parteien am rechten Rand. Das Buch erklärt, wie die AfD so schnell so erfolgreich werden konnte, welche Stimmungen und Strömungen in der deutschen Gesellschaft sie tragen und warum alle Abwehrstrategien der etablierten Parteien gescheitert sind. Melanie Amann leistet mehr als nur die Darstellung der Historie und der Gegenwart in der AfD. Sie eröffnet einen Blick hinter die Kulissen der Partei und analysiert, welche Figuren in der AfD wirklich das Sagen haben und was von der Partei in den nächsten Jahren zu erwarten ist.

KNAUR